ENCYCLOPÉDIE CATHOLIQUE ET POPULAIRE

ÉLÉMENTS
D'HISTOIRE GÉNÉRALE

PARIS. — IMPRIMERIE DUPRAY DE LA MAHÉRIE
Boulevard Bonne-Nouvelle, 26 (Impasse des Filles-Dieu, 5).

ENCYCLOPÉDIE CATHOLIQUE ET POPULAIRE

PAR UNE SOCIÉTÉ D'ECCLÉSIASTIQUES ET DE GENS DE LETTRES

Sous la direction de M. DUPRAY DE LA MAHÉRIE

ÉLÉMENTS
D'HISTOIRE GÉNÉRALE

PAR

M. BESCHERELLE AINÉ

PARIS

A LA LIBRAIRIE PARISIENNE

DUPRAY DE LA MAHÉRIE, ÉDITEUR

6, rue de Médicis, 6

Près le Palais du Luxembourg.

—

1864

HISTOIRE GÉNÉRALE

NOTIONS PRÉLIMINAIRES

L'histoire générale ou universelle n'est autre chose que le récit des principaux événements accomplis depuis les temps les plus reculés jusqu'à nos jours.

On s'accorde généralement aujourd'hui à diviser l'histoire universelle en trois grandes périodes : *Histoire ancienne, histoire du moyen âge, histoire moderne.*

Cette division est en effet la plus convenable ; elle correspond exactement aux trois grandes phases de la vie religieuse et politique de l'humanité.

L'histoire ancienne commence aux premières traditions du genre humain, c'est-à-dire depuis la création du monde (4,000 ans avant J.-C.) et s'étend jusqu'à la chute de l'empire romain d'occident (476 ans après J.-C.) ; elle embrasse par conséquent une période de 4,476 ans ou 45 siècles environ.

L'histoire du moyen âge commence après la destruction de l'empire romain d'occident par les barbares (476 ans après J.-C), et se prolonge jusqu'à la prise de Constantinople par les Turcs, en 1453, ce qui fournit une période de 977 ans, ou de 10 siècles environ.

L'histoire moderne commence en 1453, époque où les Turcs mettent fin à l'empire d'Orient, et se poursuit jusqu'à nos jours.

Nous proposant de consacrer un volume spécial à chacune de ces trois grandes divisions, nous nous bornerons ici à présenter la série chronologique des principaux événements de l'histoire universelle, que nous choisirons de manière qu'en la parcourant on puisse embrasser, pour ainsi dire, d'un seul coup d'œil l'ensemble des révolutions qui se sont accomplies dans le cours des siècles, et saisir en même temps l'enchaînement des faits et leurs résultats.

HISTOIRE ANCIENNE

PREMIÈRE ÉPOQUE. — CRÉATION DU MONDE

4000. — Le monde n'existait pas... D'un seul souffle Dieu tire du néant le monde et tout ce qu'il renferme. Il crée la lumière, forme la voûte des cieux ; creuse le bassin des mers ; donne à la terre une fécondité inépuisable; suspend dans l'espace le soleil, la lune et les étoiles ; puis il peuple les mers de poissons, l'air d'oiseaux et la terre de toute espèce d'animaux. Et tout cela en cinq jours... Le sixième jour Dieu fait l'homme à son image, et le place dans l'*Eden* ou *Paradis terrestre.* Ne voulant pas que l'homme fût seul, Dieu lui donna une compagne, nommée Eve. Ainsi fut établie, dès les premiers jours du monde, la société du genre humain.

3874. — Adam (c'est le nom du premier homme) avait eu deux fils: Caïn et Abel. Caïn tua son frère par jalousie. Dieu le maudit, ainsi que toute sa postérité, le condamna à errer sur toute la terre et le marqua au front d'un signe de réprobation. Après avoir longtemps erré, il se fixa dans la terre de Nod et bâtit la première ville, qu'il nomma *Enochia*, du nom d'un de ses fils.

Vers la même époque, naquit Seth, troisième fils d'Adam et d'Eve. Il remplaça Abel, dont il eut toutes les vertus : aussi ses descendants furent-ils appelés *Enfants de Dieu*, par opposition à ceux de Caïn, qui furent nommés *Enfants des hommes*. Seth fut la tige des patriarches. De lui descendit Noé, qui mérita par sa piété d'être seul avec sa famille sauvé du déluge universel.

DEUXIÈME ÉPOQUE. — NOÉ OU LE DÉLUGE UNIVERSEL

2348. — *Noé*, averti par Dieu, construisit l'*arche* et s'y retira avec sa femme, ses trois fils, Sem, Cham et Japhet, ses trois brus et plusieurs couples de chaque espèce d'animaux. L'arche flotta pendant cinq mois sur les eaux, et, lorsqu'enfin elles se furent retirées, elle s'arrêta sur le mont Ararat en Arménie. « La tradition du *Déluge universel*, dit Bossuet, se trouve par toute la terre. L'arche, où se sauvèrent les restes du genre humain, a été de tout temps célèbre en Orient, principalement dans les lieux où elle s'arrêta après le déluge. Plusieurs autres circonstances de cette fameuse histoire se trouvent marquées dans les annales et dans les traditions des anciens peuples : les temps conviennent, et tout se rapporte, autant qu'on le pouvait espérer dans une antiquité si reculée. »

2247. — Un siècle après, les descendants de Noé, qui s'étaient fixés dans les plaines de Sennaar, au midi de la Mésopotamie (entre le Tigre et l'Euphrate), devinrent si nombreux qu'ils craignirent d'épuiser le pays et résolurent de se séparer. Pour perpétuer leur mémoire ou peut-être pour se garantir d'un nouveau déluge, ils entreprirent d'élever la *Tour de Babel*. La construction inachevée de cette tour fut suivie de la première migration des hommes et de la formation des premiers empires.

2200. — Le commencement du royaume d'*Egypte* paraîtrait remonter à cette époque. On suppose que ce fut un descendant de Cham qui le premier habita cette contrée, nommée dans l'Ecriture *Terre de Cham*. Hérodote lui donne pour premier roi Ménès, que l'on croit être le même que Misraïm, fils de Cham et petit-fils de Noé.

A peu près dans le même temps, *Nemrod*, petit-fils de Cham, bâtit *Babylone* sur les bords de l'Euphrate. Il fut le premier roi et le premier conquérant. L'Ecriture l'appelle un *fort chasseur devant le Seigneur*. Assur, fils de Sem et contemporain de Nemrod, bâtit aussi *Ninive*. Ces deux villes furent les capitales de deux royaumes distincts, jusqu'au temps où *Bélus* les réunit et prépara la grandeur du *premier empire assyrien*.

TROISIÈME ÉPOQUE. — VOCATION D'ABRAHAM

1921. — *Abraham*, descendant de *Sem*, vint de la Chaldée, où il était né, s'établir dans la terre de Chanaan ou

Palestine. Dieu lui avait promis de lui donner tout ce pays et de le rendre père d'une grande nation. Ce patriarche fut en effet le père du peuple *juif*.

1823. — *Inachus*, originaire de Phénicie, après avoir séjourné quelque temps en Egypte, vint, à la tête d'une troupe de pasteurs phéniciens, égyptiens et arabes, s'établir en *Grèce*, dans la partie du Péloponèse nommée depuis Argolide. Il fut père de Phoronée, qui fonda le royaume d'*Argos*, et d'Egialée, qui fonda celui de *Sicyone*.

C'est à cette époque qu'on peut placer le commencement du *premier empire d'Assyrie*, sous Bélus, qui réunit le royaume de *Babylone* à celui de *Ninive*. Ninus, son fils, soumit la Médie, subjugua l'Egypte, puis envahit la Bactriane. *Sémiramis*, sa veuve, lui succéda et agrandit, embellit, fortifia Babylone. Maîtresse de l'Arménie, elle y fit construire *Artemita*, et y exécuta des travaux aussi magnifiques qu'à Babylone. Elle soumit l'Arabie, l'Egypte, une partie de l'Ethiopie et de la Libye, et toute l'Asie jusqu'à l'Indus. Elle eut pour fils et pour successeur Ninyas, qui commence la longue liste des rois fainéants de l'Assyrie.

1716. — *Joseph*, fils de Jacob et de Rachel, vendu par ses frères à des marchands ismaélites, devient premier ministre de *Pharaon*, roi d'*Egypte*.

1706. — *Jacob* et toute sa famille vont s'établir en Egypte auprès de Joseph. Après la mort de ce dernier, les Hébreux sont opprimés par les Egyptiens, jusqu'au temps où Moïse, qui n'oubliait pas ses frères et songeait à les arracher de la servitude, vint les délivrer. Grâce à lui, ils purent sortir d'Egypte et retourner dans le pays de leurs pères, la terre de Chanaan ou la *Terre promise*, comme il est dit dans l'Ecriture.

1645 à 1600. — L'*Egypte*, sous Sésostris, atteignit son plus haut point de prospérité matérielle, et l'art égyptien fit les plus grands pas vers la perfection.

1582. — *Cécrops*, originaire de Saïr en Egypte, aborde avec une colonie dans l'Attique, et fonde une partie des douze bourgades dont Athènes devint plus tard la capitale.

1519. — *Cadmus*, fils d'Agénor, roi de Phénicie, fut envoyé en Grèce, et se fixa en Béotie, où il fonda la ville de Thèbes, qui joue un grand rôle dans l'histoire fabuleuse des Grecs; c'est là que régnèrent Labdacus, Laïus, Œdipe, et les deux frères ennemis Etéocle et Polynice; c'est là qu'eurent lieu la guerre des *Sept Chefs* et celle des Epigones. Plus tard, cette ville, constituée en république, fut la cité dominante de la fédération béotienne et rivalisa un moment avec Athènes et Sparte.

QUATRIÈME ÉPOQUE. — MOÏSE OU LA LOI ÉCRITE

1491. — Les Israélites, délivrés de la servitude d'Egypte, traversent les déserts de l'Arabie. Ce fut là que Dieu donna à Moïse la *loi écrite* sur le mont Sinaï, au milieu des foudres et des éclairs.

Cette date est remarquable, parce qu'elle sert à marquer tout le temps qui s'écoula depuis Moïse jusqu'à Jésus-Christ. Tout ce temps est appelé le temps de la *loi écrite*, pour le distinguer du temps précédent, qu'on appelle le temps de la *loi de nature*, parce que les hommes n'avaient pour se gouverner que la raison naturelle et les traditions de leurs ancêtres.

La loi de Moïse se distingue surtout par un caractère d'unité. Au milieu des nations idolâtres qui adorent jusqu'aux animaux et aux plantes, elle n'admet qu'un Dieu tout-puissant, éternel, immense, souverainement juste et bon; elle proscrit toutes les représentations sensibles de la Divinité. Il n'y aura dans la suite qu'un temple où les juifs viendront présenter leurs offrandes au moins une fois l'an.

1452. *Josué*, chef du peuple hébreu, né en Egypte, succéda à Moïse dans le commandement et introduisit les juifs dans la terre promise, dont il fit le partage entre les douze tribus. Il passa le Jourdain à pied sec, et s'empara de Jéricho en faisant tomber les murs de la ville au son de la trompette.

1322. — A peu près vers la même époque, *Pélops*, fils de Tantale, roi de Lydie, passa en Elide, épousa Hippodamie, fille du roi Œnomane, et régna sur la plus grande partie de la presqu'île qui, de son nom, fut appelée le *Péloponèse*.

1292. — Première expédition maritime des Grecs, dite l'*Expédition des Argonautes*, qui, sous la conduite de Jason, allèrent en Colchide conquérir la *Toison d'or*. Ils étaient montés sur le navire *Argo*, d'où vient leur nom.

1249. — Guerre de Thèbes, connue sous le nom de Guerre des *Sept-Chefs*; elle fut entreprise pour rétablir Polynice sur le trône de Thèbes, qu'Etéocle avait gardé au delà de l'année convenue. Les sept chefs périrent à l'exception d'Adraste; mais ils laissèrent des fils qui, pour les venger, firent à Thèbes la seconde guerre, dite *Guerre des Epigones*.

CINQUIÈME ÉPOQUE. — PRISE DE TROIE

1209 — Prise et incendie de Troie, par les Grecs, après un siége de dix ans. La guerre de Troie est le plus célèbre événement des temps mythologiques; il sert d'époque, et sépare ces temps des temps héroïques ou semi-historiques. Elle a été ornée de fables sans nombre, et célébrée par les deux plus grands poëtes de la Grèce et de l'Italie, Homère et Virgile.

1297. — *Enée*, prince troyen, aborda en Italie après sept ans de navigation. *Ascagne*, son fils, lui succéda sur le trône de Lavinium, et bâtit *Albe-la-Longue*, d'où sortit plus tard *Romulus*, fondateur et premier roi de Rome.

1146. — Athènes, gouvernée depuis les premiers temps par des rois, se constitue en république après la mort de Codrus.

Vers ce temps, l'Asie-Mineure se remplit de villes grecques, fondées par des colonies, qui y transportent leur langue et les noms des trois principales races de la Grèce (Ioniens, Doriens, Eoliens). D'autres migrations donnent naissance aux cités grecques de l'Italie méridionale (Grande Grèce).

1079. — Les Israélites, lassés d'être gouvernés par des *juges*, c'est-à-dire par des chefs électifs qui annulaient le commandement militaire avec le pouvoir judiciaire, demandèrent un roi. Saül fut le premier roi des Israélites, et Samuel le sacra en 1080.

1074. — *David*, le roi-prophète, fut désigné par Samuel pour succéder à Saül; c'est de sa race que devait sortir le *Christ*.

1014. — **A** sa mort, David laissa le trône à Salomon, le plus jeune de ses fils. Il était partout renommé pour sa magnificence, sa justice et surtout pour sa sagesse extraordinaire, sagesse qu'il devait à l'inspiration divine et qui le fit juger digne de bâtir le temple de Dieu.

SIXIÈME ÉPOQUE. — SALOMON OU FONDATION DU TEMPLE DE

JÉRUSALEM.

1000. — 3000 ans environ après la création du monde et 1000 ans avant J.-C., Salomon achève le superbe *temple de Jérusalem*, le seul sur la terre qui fût consacré au culte du vrai Dieu.

980. — Salomon meurt, et sous son fils Roboam éclate un grand schisme d'où naquirent les deux royaumes d'Israël et de Juda. C'est dans le royaume de Juda que se perpétue la postérité de David.

975. — En ce temps fleurit *Homère* qui, après Moïse, est le plus célèbre des poëtes grecs. Il a chanté l'*Iliade* et l'*Odyssée*.

888. — *Didon*, princesse de Tyr, fille de Bélus, sœur de Pygmalion et épouse de Sichée, fut forcée de quitter sa patrie à cause des cruautés de son frère, qui venait de faire périr Sichée pour s'emparer de son trésor, et s'enfuit en Afrique, où elle fonda Carthage.

885. — Au commencement du IX° siècle, les Spartiates reçurent de Lycurgue une législation célèbre destinée à faire du Spartiate un peuple austère et éminemment guerrier. Ce fut ce même Lycurgue qui, dit-on, répandit dans la Grèce continentale les poésies d'Homère, peu connues auparavant.

807. — Le royaume de Macédoine, fondé en 1392 par quinze tribus de Pélasges, chassées de l'Histiéotide, reste

obscur et presque étranger an reste de la Grèce jusqu'au temps de Philippe, père d'Alexandre le Grand.

759. — Lorsque *Sardanapale* vit les Mèdes, les Perses et les Babyloniens soulevés contre lui, il quitta sa vie voluptueuse et prit les armes ; il gagna d'abord une bataille sur les rebelles, puis fut vaincu et se retira dans Ninive, où il se défendit pendant plus d'un an ; mais enfin, se voyant près d'être forcé, il fit élever un bûcher où il plaça ses trésors et s'y jeta lui et ses femmes. Avec lui tomba le *premier empire d'Assyrie*. Après sa mort, l'empire d'Assyrie fut démembré ; il se forma trois nouveaux royaumes ; ceux de Médie, de Babylone, de Ninive. Cet état de choses dura jusqu'au temps de Cyrus, roi de Perse.

756. — A cette époque commence la première olympiade, année où les jeux olympiques furent reconstitués et où Corœbus fut vainqueur.

753. — *Romulus*, fils de Mars et de la vestale Rhéa Sylvia, fille de Numitor, roi d'Albe, alla avec Rémus. son frère, jeter les fondements de Rome sur les bords du Tibre, au lieu même où ils avaient été exposés.

747. — *Nabonassar*, roi de Babylone, est célèbre par l'ère qui porte son nom, dont le point de départ est le 27 février, 747 ans avant J.-C.

748. — *Salmanasar*, roi de Ninive, prit Samarie et envoya nombre d'Israélites captifs au delà de l'Euphrate, tandis que des colonies assyriennes venaient habiter la Judée ; il porta ensuite ses armes en Syrie, mais ne put soumettre Tyr.

610. — Une colonie de Phocéens, partie de l'Asie-Mineure, vient s'établir en Gaule et y fonder Marseille.

606. — *Joachim*, roi de Juda, livré à l'impiété, persécute le prophète Jérémie, qui ne cessait de lui prédire les plus grands malheurs. Joachim fut en effet détrôné par Nabuchodonosor, contre lequel il s'était révolté. C'est de son règne que date la *captivité de Babylone*.

597. — Destruction de *Jérusalem*, et son temple réduit en cendres. Le roi Sédécias, dernier roi de Juda, est emmené captif à Babylone avec son peuple. La Judée devient une province de l'empire d'Assyrie, jusqu'au temps de Cyrus.

593. — Vers la même époque, *Solon*, un des sept sages de la Grèce, est nommé archonte, et reçoit l'importante mission de donner des lois nouvelles à la république d'Athènes.

561. — *Pisistrate*, athénien, profite des troubles causés par les factions pour marcher au pouvoir suprême, et, malgré la courageuse résistance de Solon, se rend maître d'Athènes. Il respecta la Constitution, maintint les lois de Solon, favorisa l'industrie et le commerce, embellit Athènes, fit receuillir les poëmes d'Homère et en fit faire une édition, qui a été la base de toutes celles qu'on a données depuis.

551. — Naissance de *Confucius*, célèbre philosophe Chinois. Son vrai nom est *Kong-Fou-Tscu*.

538. — *Cyrus*, roi de Perse, fils de Cambyse, agrandit en peu de temps son empire naissant, qui devint bientôt le plus vaste de l'Asie. Il défit d'abord Crésus, roi de Lydie, à la célèbre bataille de Thymbrée ; s'empara de Sardes, sa capitale, et de presque toute l'Asie-Mineure ; puis vint mettre le siége devant Babylone, et prit cette ville après avoir détourné les eaux de l'Euphrate. Ce prince est le fondateur de la grande *monarchie persane*, qui reproduit l'ancien empire d'Assyrie, et dure jusqu'à la conquête d'Alexandre le Grand.

536. — Après une captivité de soixante-dix ans, les Juifs obtiennent de Cyrus la permission de retourner dans leur pays et de rebâtir le temple de Jérusalem.

525. — *Cambyse*, fils et successeur du grand Cyrus, porte la guerre en Égypte, dont il fait la conquête. L'Égypte devint alors une province persane.

509. — La royauté fondée par Romulus avait duré deux cent quarante-quatre ans. La tyrannie de Tarquin détermina l'expulsion des rois. *Rome* alors s'érigea en république et fut gouvernée par des consuls qui se renouvelaient chaque année. Les deux premiers consuls furent *Brutus* et *Collatin*, chefs de la révolution.

504. — C'est à cette époque que *Sardes*, capitale du royaume de Lydie, fut brûlée par les Athéniens : de là

les *guerres médiques* ou la lutte entre la Perse et la Grèce. Les colonies grecques de l'Asie-Mineure, qui depuis Cyrus relevaient de la monarchie persane, prennent les armes pour recouvrer leur indépendance. L'incendie de Sardes fut le signal de cette longue lutte dans laquelle la Grèce triompha de l'Asie et s'acquit une gloire immortelle.

490. — Lors de l'invasion de Darius en Grèce, *Miltiade*, général athénien, remporta sur lui la victoire décisive de Marathon, qui sauva sa patrie; dans cette bataille il défit, dit-on, 300,000 Perses avec 12,000 Athéniens.

480. — Mort héroïque de *Léonidas* et de ces trois cents Spartiates au défilé des *Thermopyles*.

Bataille navale de *Salamine*, gagnée sur les Perses par *Thémistocle*, général des Athéniens. Fuite honteuse du grand roi *Xerxès*.

479. — Un an plus tard, *Mardonius*, général des Perses, qui était resté en Grèce avec l'armée de terre, est complétement défait à la bataille de *Platée*, par *Pausanias*, roi de Lacédémone, et par *Aristide*, général athénien, surnommé *le Juste*, tandis que le même jour la flotte grecque met en déroute celle des Perses au combat de *Micale*, en Asie-Mineure. Les Grecs prennent l'offensive et l'Asie devient le théâtre de la guerre.

449. — Des magistrats sont créés à Rome pour rédiger un code de lois; ils étaient au nombre de *dix*, d'où leur nom de *décemvirs*. Ils rédigèrent leurs lois sous dix titres, et les firent graver sur dix tables d'airain, auxquelles on en ajouta bientôt deux autres. Ces lois furent appelées les *Douze tables*, et devinrent le fondement du droit romain.

431. — Rivalité d'Athènes et de Sparte. *Guerre* dite du *Péloponèse*. Cette guerre, qui dura vingt-huit ans et où les deux partis se combattirent avec acharnement, fut également funeste aux vainqueurs et aux vaincus. Elle se termina par la bataille d'*Ægos-Potamos*, où eut lieu la bataille navale gagnée par le Spartiate Lysandre sur les Athéniens et qui mit fin à la guerre du Péloponèse.

429. — *Périclès*, célèbre Athénien, après avoir gouverné Athènes pendant trente ans, meurt de la peste qui désolait Athènes. C'est dans son siècle que les lettres, les arts et le luxe prirent leur plus grand essor; aussi nomme-t-on souvent cette époque le *siècle de Périclès*. De son temps florissait *Hippocrate*, le père de la médecine.

401. — Retraite des *dix mille*, retraite célèbre que fit à travers l'Asie-Mineure, sous la conduite de *Xénophon*, un corps de 10,000 Grecs qui avait combattu à Conaxa pour Cyrus le Jeune.

400. — *Thrasybule* chasse d'Athènes les trente tyrans. La Grèce entière se ligue contre Sparte.

390 — Première invasion des *Gaulois* en Italie, où ils se rendent un moment maîtres de Rome. Les Romains perdent contre eux la fameuse bataille d'*Allia*, rivière qui se jette dans le Tibre.

387. — Les Grecs, toujours divisés, perdent le fruit de leurs victoires contre les Perses. *Antalcidas*, général spartiate, conclut avec Artaxerce-Memnon une paix ignominieuse qui soumettait au grand roi toutes les villes grecques de l'Asie-Mineure.

378. — *Thèbes*, aux cent portes, entre en lutte avec Sparte et joue quelque temps le premier rôle en Grèce, grâce au génie d'*Epaminondas*.

371. — Nommé général dans la guerre qui s'alluma entre sa patrie et les Lacédémoniens, *Epaminondas* gagna sur eux la célèbre victoire de *Leuctres*, ou périt Cléombrote, roi de Sparte.

363. — Epaminondas fit de nouveau la guerre aux Lacédémoniens et remporta sur eux la fameuse victoire de *Mantinée*. Ici finit le rôle brillant des républiques de la Grèce : le royaume de Macédoine leur succède dans l'accomplissement des destinées du monde grec.

359. — *Philippe* monte sur le trône de Macédoine.

356. — *Erostrate*, Ephésien d'une naissance obscure, pour s'illustrer par quelque moyen que ce fût, brûle le temple de Diane à *Éphèse*, une des sept merveilles du monde. Cet événement eut lieu la nuit même de la naissance d'*Alexandre le Grand*.

355. — La troisième *guerre sacrée*, qui eut pour cause le pillage de Delphes par les Phocéens, ouvrit à Philippe, roi de Macédoine, qui s'était porté défenseur du territoire sacré, un accès dans les affaires de la Grèce, et fut terminée par la dévastation de la Phocide.

338. — Philippe gagne la bataille de *Chéronée*, qui assure définitivement à la Macédoine la suprématie en Grèce.

336. — Philippe, à son retour en Macédoine, préparait

une grande expédition contre les Perses; mais avant d'avoir pu l'accomplir, il mourut assassiné par Pausanias, seigneur macédonien, qui lui reprochait un déni de justice. *Alexandre le Grand*, son fils, lui succéda à l'âge de vingt ans.

HUITIÈME ÉPOQUE. — ALÉXANDRE LE GRAND

336 à 323. — *Alexandre*, à peine monté sur le trône de Macédoine, songe à réaliser le projet de son père. Il part pour la conquête de l'Asie avec 35,000 hommes, passe l'Hellespont, défait Darius, roi de Perse, sur les bords du Granique, et soumet en peu de temps toute l'Asie-Mineure. L'Egypte, la Phénicie, la Perse entière, tombent en son pouvoir. Après avoir étendu ses conquêtes jusqu'à l'*Hyphase*, non loin du Gange, il revient mourir à *Babylone*, à peine âgé de 33 ans. Sa mort devient le signal d'une guerre entre ses capitaines, qui dure 22 ans.

300. — Les Belges font une invasion en Angleterre.

330. — Pythéas est chargé par la république de Marseille de faire un voyage en Danemark et en Angleterre. On lui doit la division des climats et celle des jours.

321. — Les Romains subissent de la part des Sunamites l'humiliation des fourches caudines.

318. — Cassandre charge Nicanor de s'emparer du port d'Athènes.

316. — Cassandre, après avoir emporté la ville assiégée par Polysperchon, fait donner le gouvernement d'Athènes à Démétrius de Phalère.

314. — Séleucus-Nicanor s'empare de Babylone et des provinces environnantes, et forme le royaume de Syrie.

311. — Premières expéditions des Carthaginois en Sicile. Elles furent dans l'avenir l'origine des guerres puniques.

301. — La bataille d'*Ipsus* est célèbre par la victoire que *Séleucus*, *Ptolémée*, *Lysimaque* et *Cassandre* y remportèrent sur *Antigone* et *Démétrius*, son fils. Antigone y perdit la vie, et les quatre vainqueurs partagèrent l'empire d'Alexandre en quatre grandes monarchies, la *Macédoine*, la *Thrace*, l'*Egypte* et la *Syrie*.

264. — Les *Romains*, après avoir conquis toute l'Italie, se rencontrent avec les *Carthaginois*. Commencement de la *première guerre punique*, qui dure 23 ans.

219. — *Annibal* assiége et ruine *Sagonte*, ville d'Espagne alliée des Romains. Commencement de la *seconde guerre punique*, qui dure 17 ans.

216. — Célèbre bataille de *Cannes*, gagnée par Annibal sur les Romains.

202. — Bataille de *Zama*, que perd Annibal, et qui met fin à la seconde guerre punique. Le consul vainqueur, Publius-Cornélius *Scipion*, reçoit le surnom d'*Africain*.

200. — Les Romains passent en Grèce. Commencement de la guerre de *Macédoine*.

190. — Les Romains déclarent la guerre à *Antiochus*, roi de Syrie.

168. — *Persée*, dernier roi de Macédoine, est vaincu par *Paul-Emile* à la bataille de *Pydna*.

167. — Les *Juifs*, qui, depuis leur retour, avaient subi alternativement le joug des rois d'Egypte et de Syrie, se révoltent contre Antiochus et recouvrent leur indépendance sous les *Macchabées*.

NEUVIÈME ÉPOQUE. — CARTHAGE VAINCUE

146. — Fin de la *troisième guerre punique*. Publius Cornélius Scipion, fils de Paul-Emile et petit-fils adoptif du vainqueur d'Annibal, détruit *Carthage* après trois ans de siége, et reçoit le surnom de *second Africain*.

La même année, le même jour voit périr *Corinthe*, détruite par le consul *Mummius*. La Grèce est réduite en province romaine sous le nom d'*Achaïe*.

134. — *Numance*, qui était depuis longtemps le centre de la résistance de l'*Espagne* contre les Romains, est détruite par Scipion Emilien, le même qui avait ruiné Carthage.

Rome, à dater de cette époque, domine sur les trois parties du monde connu. Mais déjà les germes d'une dissolution intérieure commencent à se développer, les vertus civiques et guerrières disparaissent.

132. — Tribunal orageux des *Gracques*.

Tibérius Gracchus périt en défendant la cause du peuple, et pour la première fois, la guerre civile ensanglante Rome.

119. — La *Gaule narbonnaise* est réduite en province romaine.

111. — Commencement de la guerre des Romains contre Jugurtha, prince numide. *Marius*, d'abord simple lieutenant de Métellus, parvient à le supplanter et se fait charger à sa place de la conduite de la guerre avec le titre de consul.

107. — Les successeurs des *Macchabées* prennent le titre de *rois de Judée*.

106. — Fin de la guerre de Numidie. *Sylla*, qui s'était fait livrer Jugurtha par trahison, devient un objet de jalousie pour Marius.

102-101. — *Marius* défait successivement, dans deux grandes batailles, les *Teutons* et les *Cimbres*, peuples germaniques venus des bords de la Baltique.

111. — *Jugurtha*, roi de Numidie, voulant régner seul, fait périr ses cousins. Rome, alliée de ceux-ci, envoie contre lui plusieurs généraux... Le consul *Métellus* fit la guerre à Jugurtha, qui jusque-là n'avait pu être vaincu, et remporte sur lui de grands avantages. Il allait mettre fin à la guerre en s'emparant de sa personne, quand il fut supplanté par *Marius*, son lieutenant, qui se fit charger à sa place de la conduite de la guerre de Numidie avec le titre de consul.

107. — Accablés de toutes sortes de vexations par les rois de Syrie, persécutés dans leur culte, les Juifs se soulèvent sous la conduite des Macchabées, et se rendent indépendants. Les Macchabées, vainqueurs, reçoivent la souveraineté héréditaire, d'abord sous le titre de grands-pontifes, puis sous celui de rois de Judée.

106. — Fin de la guerre de Numidie. *Sylla*, qui était allé servir en Afrique sous Marius, sut gagner la confiance de ce grand général, se fit livrer Jugurtha par trahison, et dès ce moment devint un objet de jalousie pour Marius.

102-101. — *Marius* taille en pièces, auprès d'Aix, les

Teutons, qui allaient envahir l'Italie, puis extermine les Cimbres à Verceil.

97. — Mithridate, roi des Parthes, envoie une ambassade en Chine.

96. — Le Sénat romain donne la liberté à toutes les villes de la Péninsule Italique.

91. — Drusus est assassiné pour avoir voulu donner plus de puissance à l'aristocratie sénatoriale.

75. — Le roi de Bithynie lègue son royaume à la république romaine, qui ne peut en prendre possession qu'après une guerre des plus longues.

91. — *Guerre sociale* ou *des alliés*, dite aussi *Guerre marsique*, guerre célèbre qui éclata entre la république romaine et les nations *alliées* d'Italie, ce qui la fit appeler *sociale ;* les Marses y jouèrent le principal rôle. Les peuples d'Italie, profitant des discussions intérieures de la république et se fondant sur les promesses des Gracques, avaient cru pouvoir exiger du Sénat qu'on leur concédât le droit de bourgeoisie et les priviléges attachés au titre de citoyen romain.

88. — Les Romains envoient *Sylla* contre Mithridate, roi de Pont, un des plus terribles ennemis de leur nom depuis Annibal.

87. — La rivalité de *Sylla* et de *Marius*, à l'occasion de la guerre contre Mithridate, donne naissance à ces guerres civiles qui se prolongent jusqu'à la fin de la république.

82. — Environ quinze jours après son retour d'Afrique *Marius* mourut.

79. — Mort de *Sylla* ; il n'avait que 59 ans.

71. — *Spartacus*, après s'être rendu, pendant deux ans, très-redoutable à la république romaine, à la tête des *gladiateurs* révoltés, finit par être écrasé par Crassus à la bataille du *Silarus*.

63. — *Pompée*, romain célèbre, termine la guerre de *Mithridate*. La *Syrie* est réduite en province romaine. Les Romains interviennent dans les troubles de la *Judée*. *Cicéron*, consul, déjoue la conjuration de *Catilina*.

60. — Ambition des grands. *César* s'associe avec Pompée et Crassus, et forme avec eux ce fameux triumvirat qui leur assure un pouvoir absolu.

59. — *César* se fait nommer gouverneur de la Gaule pour cinq ans, et après ce temps se fait proroger dans

son gouvernement pour cinq nouvelles années. Il emploie ces dix années à faire la conquête de la Gaule et pénétre jusque dans la Bretagne.

55. — César franchit de nouveau le Rhin et gagne de nouvelles victoires.

Sur l'ordre du Sénat, donné à César et à Pompée, d'envoyer chacun une de leurs légions contre les Parthes, César, quoique entouré d'ennemis, en envoie deux ; Marcellus les livre à Pompée.

César défait Pharnace, roi du Bosphore ; il fait la guerre à Scipion, à Caton et à Juba roi de Mauritanie.

Naissance de Tibère, fils de Livie.

38. — Octave répudie Scribonia, sa femme, pour épouser Livie.

53. — *Crassus*, triumvir, célèbre par ses richesses, est battu complétement à Carrhes par Suréna, général d'Orode, roi des Parthes. Trente mille Romains restèrent sur le champ de bataille, et Crassus lui-même, s'étant rendu dans la tente de Suréna pour y traiter de la paix, fut mis à mort par les ordres de ce général.

49. — Pompée, jaloux des succès de César en Gaule, l'attaqua d'abord sourdement et fit lancer un sénatus-consulte qui sommait ce dernier d'abandonner son armée, tandis que lui-même gardait ses légions et ses provinces. Ce fut le signal de la guerre civile. César passe le *Rubicon*, limite de son gouvernement, et marche contre Rome. Il se rend maître de l'Italie en soixante jours. Puis il court en Espagne, et achève d'anéantir le parti pompéien. Il revient en Italie, est nommé dictateur à Rome, et enfin poursuit Pompée en Grèce.

48. — Bataille de *Pharsale*, célèbre par la victoire décisive que César remporta sur Pompée, et que suivit bientôt le meurtre de ce dernier en Egypte.

47. — *Incendie de la Bibliothèque d'Alexandrie*, pendant une insurrection terrible que César eut à réprimer.

46 et 44. — Après avoir pacifié le monde, César revint à Rome, où il reçut le triomphe et se fit décerner la dictature perpétuelle. Au moment où il méditait d'aller faire la guerre aux Parthes, il fut assassiné au milieu du Sénat par *Brutus* et *Cassius*.

43. — *Octave*, petit-neveu et fils adoptif de César, s'unit avec *Antoine* et *Lépide*, et la ligue de ces trois ambitieux donne naissance au *second triumvirat*. Les nouveaux

triumvirs, après s'être partagé les provinces de l'empire, commencèrent par proscrire impitoyablement tous leurs ennemis ; puis ils marchèrent contre les restes du parti républicain.

42. — Les triumvirs défirent à *Philippes*, *Brutus* et *Cassius* qui étaient à la tête du parti républicain.

40. — *Hérode* l'Iduméen, protégé par les Romains, usurpe sur la dynastie des Macchabées le trône de Judée. C'est sous ce prince que naquit *Jésus-Christ*.

31. — Octave force Lépide à renoncer au triumvirat et affermit sa puissance en Italie. Il fit ensuite voile vers l'Egypte où Antoine s'était réfugié avec *Cléopâtre*, et remporte sur eux la célèbre bataille d'*Actium* qui mit fin à la république romaine et le rendit maître du monde. Il reçut les titres de *prince*, d'*auguste* et d'*empereur*, et rétablit sous un autre nom le gouvernement monarchique.

DIXIÈME ÉPOQUE. — NAISSANCE DE JÉSUS-CHRIST

1. — Le 25 décembre, la 35ᵉ année du règne d'Auguste, et la 754ᵉ de la fondation de Rome, JÉSUS-CHRIST, fondateur de la religion chrétienne, le Messie prédit par les prophètes, fils de Dieu et Dieu lui-même, médiateur entre Dieu et les hommes, rédempteur du genre humain, vient au monde à Bethléem, en Judée, non loin de Jérusalem.

4. — Conspiration de Cinna contre Auguste. Les gardes prétoriennes sont établies.

5. — Expédition de Germanicus en Pannonie et en Dalmatie.

10. — Les légions romaines, commandées par Varus, sont entièrement détruites près de la forêt de Teutobourg. Varus se donne la mort.

11. — La Germanie est ravagée par Tibère et Germanicus pour venger la défaite subie par Varus.

12. — Naissance de Caligula, fils de Germanicus.

13. — Les Romains fondent des Académies à Autun, à Lyon et à Toulouse.

14. — Auguste meurt, Tibère lui succède.

19. — Germanicus est empoisonné en Syrie.

27. — Incendie de Rome. Tibère, retiré dans l'île de Capri, laisse le gouvernement à son ministre Séjan.

29. — Drusus, fils de Germanicus, et Agrippine, mère de Tibère, se laissent mourir de faim pour échapper aux cruautés de ce tyran.

33. — La 19e année de *Tibère*, *Jésus-Christ* accomplit sur la croix la rédemption du genre humain.

36. — Marc ouvre une école à Alexandrie, de laquelle sortent Clément d'Alexandrie, Origène et d'autres pères de l'Église.

37. — Mort de Tibère. Ce prince avait pour maxime qu'il faut dissimuler pour régner. Caligula, fils de Germanicus, lui succède.

40. — C'est à *Antioche* que le nom de *chrétiens* commence à être donné aux disciples de Jésus-Christ.

41. — Caligula, connu par ses cruautés, est tué par Chéras. Claude lui succède.

42. — Les Maures qui commençaient à passer en Espagne, y sont défaits par les Romains.

49. — Claude chasse tous les juifs de Rome. Il adopte Néron, fils d'Agrippine II, fille de Germanicus.

54. — Mort de Claude; Néron lui succède. L'année suivante, il emprisonne Britannicus, son frère, et quatre ans plus tard, il fait assassiner sa mère.

56. — L'apôtre *saint Paul* arrive à Rome sous le règne de Néron.

64. — *Néron*, l'ennemi du genre humain, est le premier prince qui persécute les chrétiens; *saint Pierre* et *saint Paul* sont martyrisés à Rome.

68. — Avec *Néron* s'éteint la famille des Césars. A partir de cette époque, l'empire appartient au premier général d'armée qui sait se défaire d'un rival.

70. — *Titus*, fils de l'empereur Vespasien, s'empare de Jérusalem, qu'il ravage horriblement et qu'il détruit de fond en comble.

79. — Première éruption du *Vésuve*, qui eut lieu après une interruption d'au moins douze siècles; elle détruisit deux villes florissantes, Herculanum et Pompéi.

120. — Adrien passe dans les Gaules, dans la Germa-

nie et la Grande-Bretagne, et partout laisse de nombreuses fondations.

125. — Séjour d'Adrien à Athènes, qu'il dote richement.

134. — Ptolémée crée son système astronomique, et réduit toutes les distances de la terre en degrés et en minutes de longitude et de latitude.

135. — L'empereur romain *Adrien* bâtit sur les ruines de l'ancienne Jérusalem une nouvelle ville à laquelle il donne le nom d'*OElia Capitolina;* il défend aux Juifs d'y mettre jamais le pied.

138. — Mort d'Adrien à Baies. Avénement d'Antonin le Pieux, qui s'associe Aurélius Vérus.

140. — Trenmar se proclame roi du nord de l'Écosse; il détruit le culte des druides et celui d'Odin.

161. — Marc-Aurèle succède à Antonin, son père adoptif. Ce vertueux empereur meurt dans la Pannonie, après un règne de dix-neuf ans, laissant l'empire à son fils Commode.

190. — Les peuples francs de l'Allemagne se liguent contre les Romains. Les Sarrazins commencent aussi à inquiéter les Romains.

193. — La garde prétorienne proclame empereur Pertinax, et l'égorge trois mois plus tard. Après cet assassinat, elle décerne le titre d'empereur à Salpicon, son beau-père; mais bientôt Julien le remplace en achetant la couronne à ses soldats. Il est tué à son tour. L'armée des Gaules nomme Sévère; ceux de Syrie, Niger; les légions de Bretagne proclament Albi. Mais Sévère, en devançant ses compétiteurs, se rend maître de Rome.

196. — Sévère assiége Byzance.

211. — Antonin, connu depuis sous le nom de Caracalla, succède, avec son père Géta, à Sévère. Fingal et son fils Morin, principaux chefs des Écossais, concluent une paix avantageuse avec le fils de Sévère.

217. — Macrin fait massacrer Caracalla et se fait nommer empereur.

218. — Macrin est défait par Héliogabale, qui se fait reconnaître empereur par le Sénat.

222. — Après six ans de règne, Héliogabale est tué dans une émeute. Alexandre Sévère lui succède.

230. — Paul Ermite se retire dans les déserts de la

Thébaïde, et y donne le premier l'exemple de la vie monastique.

233. — Sous l'empereur Alexandre-Sévère, un *second empire persan* s'élève sur les ruines du royaume des *Parthes*.

260. — Défaite de Valérius par Sapor, qui le prend par trahison et le retient dans les fers pendant dix ans.

266. — Athènes tombe au pouvoir des Hérules.

268. — Mort de Gallien, assassiné par ses soldats. Claude II lui succède et meurt de la peste à Sirmium.

270. — Aurélien se défait des Scythes. L'année suivante il disperse les Marcomans et les Allemands, qui menaçaient l'Italie, et va détruire les Vandales jusqu'en Pannonie.

273. — Zénobie, reine d'Orient, est faite prisonnière par Aurélien, et Palmyre, capitale des États de cette reine, est détruite.

275. — Aurélien est tué, en Thrace, par ses officiers, à l'âge de 63 ans. Tacite, descendant de l'historien, est élu après un interrègne de huit mois.

284. — Ère de *Dioclétien* ou des martyrs. La dixième et dernière persécution des chrétiens eut lieu sous cet empereur, et ce fut en même temps la plus longue et la plus cruelle que l'Eglise eût encore éprouvée. Elle commença le dimanche de la Passion de l'an 302 et dura dix ans.

ONZIÈME ÉPOQUE. — CONSTANTIN OU LE TRIOMPHE DU CHRISTIANISME

312. — L'empereur *Constantin*, surnommé le *Grand*, est proclamé césar par les légions de la Grande-Bretagne à la mort de son père. Après avoir pacifié les Gaules, il marche contre le tyran Maxence, sous le joug duquel gémissaient l'Italie et l'Afrique. Pendant cette marche, il vit tout à coup dans les airs le signe sacré de la religion chrétienne, une croix entourée de ces mots tracés en lettres de feu : *Tu vaincras par ce signe.* Frappé de cet aver-

tis-ement, il adopta ce signe pour étendard, sous le nom de *Labarum*, et s'avança avec confiance contre les troupes de son ennemi. Elles furent successivement défaites dans les plaines de Turin et sous les murs de Rome, et Maxence lui-même périt dans les eaux du Tibre. Maitre de l'Italie et de l'Afrique, après ces victoires, Constantin rétablit l'ordre et la justice, fit cesser la persécution contre les chrétiens, embrassa leur religion et la déclara religion de l'empire par un célèbre édit rendu à Milan en 313.

330. — Quelques années après, Constantin transporta le siége de l'empire à *Byzance*, qui prit de lui le nom de *Constantinople*, et il en fit la seconde capitale de l'empire.

395. — Division de l'empire. *Arcadius*, fils aîné de Théodose le Grand. lui succéda en Orient, tandis que son frère *Honorius* montait sur le trône d'Occident. Par suite de ce partage, Rome fut la capitale de l'empire romain d'Occident, et Constantinople le siége de l'empire grec d'Orient. L'empire d'Occident finit en 476, et l'empire grec dura jusqu'en 1453.

406. — C'est en cette année qu'eut lieu la grande invasion des Barbares. *Radagaise*, à la tête des Suèves, des Alains, des Vandales, formant une armée de plus de 200,000 hommes, pénétra en Italie, où son armée fut complétement détruite par *Stilicon*, général d'Honorius.

413. — Les *Bourguignons* s'établissent dans la Gaule, entre la Saône et le Jura, dans la province que l'on appelle encore aujourd'hui Bourgogne.

414. — Les *Visigoths*, ayant à leur tête *Alaric*, viennent assiéger Rome, qui est mise au pillage. Ils passèrent ensuite en Espagne et y fondèrent une monarchie qui, avec le temps, devint la monarchie espagnole.

420. — Les *Francs,* conduits par *Pharamond*, font leur première apparition sur les bords du Rhin.

427. — Les *Vandales*, conduits par *Genséric*, franchissent le détroit de Gibraltar et dévastent les riches provinces d'Afrique avec une rage de cruauté et de destruction dont le souvenir est resté attaché à leur nom. Ils revinrent ensuite à Rome, qu'ils mirent pendant quatorze jours à feu et à sang.

430. — Les Francs, sous la conduite de *Clodion*, dit le Chevelu, fils de Pharamond, pénètrent dans la Gaule. Le successeur de Clodion, *Childéric*, est chassé par les

Francs, qui étaient révoltés de ses désordres; quand il fut corrigé par l'adversité ils le rétablirent sur le pavois.

442. — Après avoir tout soumis et ravagé sur sa route, cette immense armée de 500,000 hommes vint échouer en Gaule et fut complétement mise en déroute près de *Châlons-sur-Marne*, en 451, par le patrice *Aéius*, avec l'aide des Francs, des Visigoths et des Bourguignons. Repoussées de la Gaule, les hordes des Huns se tournent vers l'Italie, détruisent Aquilée, saccagent la Vénétie, menacent Rome; mais arrêtées par les supplications du pape Léon et séduites par les riches présents de l'empereur Valentinien III, elles consentent à se retirer de l'Italie. Peu après, Attila repasse le Rhin et meurt en Pannonie; sa mort fit évanouir cette puissance colossale, qui alla s'établir en Hongrie.

450. — Dès la fin du IVe siècle, les *Angles* et les *Saxons* ravageaient les côtes de la Gaule et de l'île de Bretagne. En 1449, ils commencent à passer dans cette île et y fondent quatre des Etats de l'Heptarchie. Tout le pays prit des Angles le nom d'*England* ou *Angleterre*.

476. — Les *Hérules*, sous la conduite d'*Odoacre*, se soulèvent, envahissent Rome, et forcent l'empereur *Romulus Augustule* à abdiquer. Odoacre est proclamé roi d'Italie, et l'empire romain disparaît sans éclat et sans grandeur. Il avait duré 507 ans depuis la bataille d'Actium, 1229 depuis sa fondation par Romulus.

HISTOIRE DU MOYEN AGE

481. — Les *Francs*, ayant à leur tête le jeune *Clovis*, âgé de quinze ans, battent le général romain Syagrius, à *Soissons*; ils pénètrent ensuite jusqu'à la Seine. Clovis se convertit à la religion catholique et est baptisé par saint Remi, archevêque de Reims. Il se rend ensuite maître de toute la Gaule et fonde un puissant empire qui a pour limites l'Océan, les Pyrénées, les Cévennes, le Rhône et le Rhin. Il meurt en 511 et est enterré à Paris.

493. — *Théodoric*, à la tête des *Ostrogoths*, attaque *Odoacre*, roi d'Italie, le défait et le force à s'enfermer dans Ravenne, où il le tient bloqué pendant deux ans. *Théodoric* fut un des plus grands rois barbares; il favorisa l'agriculture, le commerce et les arts. Il mourut en 526.

553. — Les successeurs de Théodoric sont battus par *Bélisaire*, qui met fin à la monarchie des Ostrogoths. L'Italie redevient une province romaine, dont la capitale est Ravenne.

568. — *Narsès*, général romain, insulté par la femme de Justin II, roi d'Occident, attire les *Lombards* en Italie. Ceux-ci, commandés par *Alboin*, battent les armées romaines, s'emparent de l'Italie, et la divisent en trente-six duchés.

585. — Un des successeurs d'*Alboin*, *Autharis*, repoussa les Francs, conduits par Childebert II, et conquit tout le Midi de la Péninsule. Le royaume des Lombards est détruit par Charlemagne.

622. — *Mahomet* naît à la Mecque, en Arabie. Chassé de son pays, il donne à ses sectateurs l'ordre d'employer les armes a la propagation de la nouvelle religion. Il parvient lui-même à soumettre plusieurs tribus, et meurt à Médine en 632.

632. — Ses apôtres continuent son œuvre, et soumettent toute l'Arabie, la Syrie, l'Egypte, la Perse.

681. — Les rois de France végètent dans une honteuse indolence; l'histoire ne les connaît que sous le nom de Rois fainéants, toute l'autorité appartient aux maires du palais; parmi les plus puissants, on remarque Pépin d'Héristal et Charles Martel qui repoussent les invasions des Frisons, des Allemands, des Souabes et des Bavarois.

711. — Les Arabes passent en Espagne et battent, à *Xérès*, le roi des Wisigoths, *Roderic ;* Pélage, son successeur, se réfugie dans les Asturies, qui deviennent le berceau de la future monarchie espagnole.

732. — Les Arabes entrent en France et sont défaits entre Tours et Poitiers, par *Charles Martel*, qui sauve ainsi la chrétienté.

751. — Le fils de Charles Martel, *Pépin le Bref*, prend le titre de roi. La race de Mérovée s'éteint dans l'obscurité d'un cloître. Pépin rétablit les assemblées générales, tombées en désuétude.

756. — Les Arabes s'établissent en Espagne, où Abdérame fonde le califat de *Cordoue. Bagdad* devient le siége du califat d'Orient.

800. — *Charlemagne*, fils de Pépin le Bref, est couronné empereur à Rome par Léon III... Peu de périodes sont aussi fécondes en conquêtes rapides et brillantes. Il fait cinquante-trois campagnes, toujours victorieux quand il commande lui-même. Ses lois, les nombreux conciles qu'il assembla, expriment la double pensée d'emprunter à l'empire romain ce qu'il a d'imposant aux yeux des peuples, et de fonder sous le patronage de l'Eglise la monarchie universelle. Son empire a une prodigieuse étendue, il comprend presque toute l'Europe.

814. — Son fils, *Louis le Débonnaire*, fait un partage entre ses trois enfants, qui ne tardèrent pas à se révolter contre son autorité. Sa vie entière s'écoula tantôt sur le trône, tantôt dans un cloître.

843. — A sa mort ses trois fils se partagèrent l'empire : Louis prit l'Allemagne, Charles la Neustrie et Lothaire l'Italie.

845. — Les *Northmans* ou *Normands* remontent la Seine sur de légères flottilles, et portent la dévastation au

cœur de la France. Ils sont vaincus par Robert le Fort à *Brissarthe*, dans le Maine.

877. — *Charles le Chauve* assure, dans la diète de *Quierzy-sur-Oise*, à tous ceux qui lui seront dévoués la possession héréditaire de leurs fiefs ou de leurs gouvernements. Dès lors la féodalité est constituée légalement, et le pouvoir royal très-amoindri.

880. — Le pape *saint Nicolas Ier* excommunie *Photius*, le patriarche intrus de Constantinople, principal auteur du schisme et de la décadence de l'Église grecque.

882. — Les Normands, vaincus par *Louis III* à la bataille de *Saucourt* (Ponthieu), restent tranquilles pendant quelque temps, puis recommencent leurs incursions à la mort de ce prince, qui avait déployé une énergie assez rare chez les descendants de Charlemagne.

912. — Le chef des Normands, *Rollon*, maître de Rouen et du cours de la Seine, prête serment entre les mains du roi de France, embrasse le christianisme et épouse Gisèle, fille du roi de France. Les incursions cessent à partir de ce moment, Rollon fait régner sur les côtes et dans tout le pays un ordre sévère.

936. — *Othon Ier, le Grand*, porte ses armes victorieuses en Bohême et en Italie. Le pape Jean XII lui donne la couronne impériale; c'est depuis ce moment que les rois de Germanie revendiquent l'Italie.

973. — *Othon II*, son fils, envahit la France à la tête de soixante mille Germains et s'avance jusqu'à Montmartre, où il est battu par Lothaire et le comte de Paris.

987. — Les nobles élèvent sur le trône le plus puissant d'entre eux, *Hugues Capet*, comte de Paris, duc de France, au préjudice de Charles de Lorraine, héritier de la maison carlovingienne.

1031. — Le califat de *Cordoue* est démembré, les califes ne gardent plus que le pouvoir spirituel, tandis que les *émirs-al-omra* sont les véritables souverains.

1038. — Les *Turcs Seidjoucides* s'emparent de la Syrie, de l'Arménie, de l'Asie-Mineure. *Thogroul-Beg* devient émir des émirs et règne à Bagdad sous le nom du Calife, auquel il ne laisse que l'autorité religieuse.

1058. — Les Sarrasins sont chassés de la Sicile par une troupe d'aventuriers normands qui fondent le royaume des *Deux-Siciles*.

1066. — *Guillaume le Bâtard* ou *le Conquérant* s'empare de l'Angleterre et devient ainsi beaucoup plus puissant que son suzerain, le roi de France.

1073. — *Hildebrand*, ancien moine de Cluny, fils d'un pauvre charpentier de Soanna, en Toscane, est élu pape sous le nom de Grégoire VII. Il excommunia Henri IV, empereur d'Allemagne, qui n'avait pas voulu reconnaître son autorité. Ce fut le commencement de la **guerre** connue sous le nom de *Guerre des investitures* et qui dura un demi-siècle.

1085. — L'empereur s'empare de Rome et le pape est obligé de se retirer à Salerne, où il meurt.

1087. — Première guerre entre la France et l'Angleterre au sujet de la Normandie.

1095. — La *diète de Worms* met fin par une transaction à la guerre entre le pape et l'empereur. Elle fut confirmée l'année suivante par le concile de Latran.

Dans le même concile, le pape *Urbain II* prêcha la croisade.

1099. — Trois cent mille croisés, sous la conduite de *Godefroy de Bouillon*, arrivant sous les murs de Constantinople, passent le Bosphore et s'emparent de Jérusalem, où ils proclament leur chef roi. Ils y fondèrent ensuite les trois ordres religieux des *Templiers*, des *Chevaliers de Saint-Jean* et l'ordre Teutonique.

1114. — Deux partis puissants divisent l'Italie. Le parti des *Gibelins* soutient la cause de l'empire ; le parti des *Guelfes*, obéissant à l'influence des papes, défend l'indépendance des républiques italiennes et des villes libres de la Lombardie.

1139. — Alphonse, fils du comte de Portugal, Henri de Bourgogne, est proclamé roi par son armée après la bataille d'*Ourique* ou *Castro-Verde* , où il défit cinq rois Maures.

1147. — *Louis XII* dit *le Jeune*, roi de France, épouse Eléonore, fille de Guillaume X d'Aquitaine. Cette princesse apportait en dot la Guyenne, le Poitou, le Limousin, la Gascogne, la Biscaye, en un mot presque toutes les provinces au midi de la Loire.

1152. — Mais après le résultat malheureux d'une croisade qu'il avait entreprise, il commet la faute de la répudier. Elle épouse Henri Plantagenet, duc d'Anjou, et avec sa main lui livre les riches provinces qui formaient sa dot.

C'est ainsi que Louis VII prépara, par la plus impolitique des mesures, une rivalité qui devait pendant plusieurs siècles ensanglanter l'Europe.

1187. — *Saladin*, fils d'Ayoub, sultan d'Egypte, fait prisonnier Guy de Lusignan, roi de Jérusalem, à la bataille de *Tibériade* et s'empare de Jérusalem.

1190. — *Frédéric Barberousse*, empereur d'Allemagne, *Richard Cœur de Lion*, roi d'Angleterre, et *Philippe-Auguste*, roi de France, prennent la croix à la voix de Guillaume, archevêque de Tyr.

1202. — *Foulques*, curé de Neuilly, prêche une quatrième croisade, sous le pontificat d'Innocent III. Les croisés conquirent Constantinople, et Baudouin reçut la couronne impériale. Cette époque fut l'apogée de la grandeur maritime de Venise.

1204. — On établit dans le Languedoc une commission chargée de juger les hérétiques. C'est l'origine de l'Inquisition.

1214. — Philippe-Auguste bat à *Bouvines* les princes allemands ligués contre lui. Cette victoire assure le triomphe du pouvoir royal sur la féodalité.

1215. — *Gengis-Kan* fonde en Asie le vaste empire des *Mongols*, le plus grand qui ait jamais existé. Toute la Russie européenne tombe en son pouvoir. Cette grande puissance ne tarde pas cependant à s'affaiblir en se morcelant de tous côtés, mais pour se relever, un demi-siècle après, sous *Tamerlan*, plus terrible encore.

1218. — Les *Albigeois* et le roi d'Aragon, *Pierre II*, sont défaits par Simon de Montfort à la bataille de *Muret*, sur la Garonne. Pierre II y perdit la vie.

1223. — *Louis VIII*, fils et successeur de Philippe-Auguste, reprend aux Anglais le Poitou, le Limousin et le Périgord.

1258. — Le califat de Bagdad est détruit par les Mongols.

1270. — *Louis IX*, dit *le Saint*, abolit le duel judiciaire et le remplace par l'instruction criminelle ; il établit le *parlement* ou cour suprême de justice. Il meurt devant Tunis, dans une seconde croisade qu'il avait entreprise.

1273. — *Rodolphe de Habsbourg* monte sur le trône d'Allemagne ; c'est avec lui que commence la puissance de la maison d'Autriche, qui parvient à fixer la couronne dans son sein.

1282. — *Charles d'Anjou* est appelé au trône de Naples par les papes, en lutte avec la maison de Hohenstaufen. Mais bientôt, les excès de ses soldats provoquent l'horrible massacre connu sous le nom de *Vêpres Siciliennes*.

1285. — *Philippe III* dit *le Hardi*, roi de France, meurt à Perpignan.

1297. — Le *comte d'Artois, Robert*, frère du roi de France Philippe V, dit le Bel, bat les Flamands à Furnes.

1300. — L'empire turc moderne est fondé par *Othman ou Osman*, tige des sultans ou empereurs osmanlis.

1302. — Les Français sont battus par les Flamands à *Courtray*; mais peu après, commandés par le roi Philippe V, ils prennent leur revanche à Mons-en-Puelle (Nord).

1303. — Philippe établit les états généraux pour contrebalancer le pouvoir du pape.

1305. — *Clément V* monte sur le trône de saint Pierre, et établit sa résidence dans la ville d'Avignon. Ce déplacement met le pape dans la dépendance du roi de France.

1312. — Le *Concile de Vienne*, en Dauphiné, supprime l'ordre des Templiers.

1314. — *Louis X, le Hutin* offre aux serfs de ses domaines leur affranchissement pour combler le vide du trésor.

1316. — *Philippe le Long* se signale par ses persécutions contre les Juifs ; il organise d'une manière régulière le conseil d'Etat, la cour des comptes et le parlement.

1346. — Les Français, sous Philippe de Valois, perdent contre les Anglais la bataille de *Crécy*.

1347. — Les Anglais, sous le commandement d'Edouard III, s'emparent de Calais.

1349. — Humbert, dernier souverain du Dauphiné, lègue son duché à la France, à la condition que les fils aînés des rois de France prendront le titre de *dauphin*.

1350. — Mort de Philippe de Valois. Jean, son fils, lui succède. Pierre le Cruel succède, comme roi de Castille, à son père Alphonse XI, tué par les Maures au siège de Gibraltar.

1354. — Marino Falieri, doge de Venise, tente de renverser l'ordre de choses existant; il échoua dans son entreprise et fut condamné à perdre la tête.

1356. — Edouard, prince de Galles, remporte la bataille

de Poitiers, où le roi Jean est fait prisonnier avec son fils.

1356. — *La diète de Nuremberg*, en Allemagne, décrète la fameuse *Bulle d'or* , sorte de constitution qui règle les droits et priviléges des sept électeurs et le mode d'élection des empereurs.

1357. — Les paysans se révoltent en France et commettent partout les plus grandes atrocités.

1360. — Le roi Jean signe avec le roi d'Angleterre le traité de *Bretigny*, le plus désastreux de notre histoire.

1361. — Les comtés de Champagne et de Toulouse sont réunis à la France. — Prise d'Andrinople par Amurat 1er. Etablissement des Turcs en Europe.

1362. — Le duché de Normandie est réuni à la couronne de France.

1364. — Charles V, dit le Sage, succède à son père, le roi Jean, mort prisonnier à Londres.

1364. — *Charles V*. aidé par le breton Bertrand Duguesclin, le meilleur capitaine et le plus entreprenant de l'époque, reprend presque toute la France aux Anglais. Il réunit au Louvre une bibliothèque de 900 volumes, qui devient le noyau de cet immense dépôt de livres qu'on appelle aujourd'hui *Bibliothèque impériale.*

1365. — Ligue des chrétiens contre les Turcs. Lusignan, roi de Chypre, prend Alexandrie.

1366. — Duguesclin, à la tête des grandes compagnies formées dans les guerres civiles, passe en Espagne, chasse Pierre le Cruel et fait proclamer à sa place Henri de Transtamare, son frère, sur le trône de Castille.

1370. — Duguesclin prend aux Anglais la Guyenne, le Poitou, la Saintonge, le Périgord et une partie du Limousin, etc.

1371. — Avénement des Stuarts à la couronne d'Ecosse, par la mort du roi David II. Le duc de Bretagne, Jean V, est privé de son duché pour avoir pris le parti des Anglais.

1374. — Charles V déclare les rois majeurs à quatorze ans.

1377. — Mort d'Edouard III, roi d'Angleterre, après un règne de cinquante ans. — Jean Wiclef, docteur anglais, excité par le duc de Lancastre, publie sa doctrine contre le pape. Ses sectateurs sont nommés, par les Anglais, lollads ou wiclefistes.

1378. — Grand schisme d'Occident. La chrétienté se partage entre deux papes : Urbain VI, à Rome, et l'antipape Clément VII à Avignon. Le schisme se termine en 1417 par l'élection de Martin V au concile de Constance.

1399. — Commencement des guerres sanglantes de la *Rose blanche* et de la *Rose rouge* en Angleterre.

1402. — Les *Mongols*, commandés par *Tamerlan*, battent le sultan Bajazet à Ancyre.

1407. — La rivalité des Armagnacs et des Bourguignons prend le caractère effroyable d'une lutte de races où le Midi exerce contre le Nord de sanglantes représailles.

1415. — La noblesse française est presque entièrement détruite par les Anglais à Azincourt. Le triste résultat de cette défaite est de livrer de nouveau la France aux Anglais.

1420. — *Isabeau de Bavière*, régente de France, reconnait par le traité de *Troyes*, Henri V, roi d'Angleterre, comme régent de France et héritier de Charles VI, dont elle lui donne en mariage la fille, Catherine.

1422. — Henri VI est sacré roi de France et d'Angleterre dans la basilique de Saint-Denis, et le duc de Bedford est nommé régent du royaume pendant la minorité du jeune roi.

1429. — *Jeanne d'Arc*, surnommée la *Pucelle d'Orléans*, vient à travers mille périls trouver Charles VII en Touraine, délivre la ville d'Orléans assiégée par les Anglais, la seule place importante qui restât au roi de France, et le fait sacrer à Reims.

1431. — Jeanne est prise à Compiègne par les Anglais ; on la conduit à Rouen où des juges iniques, vendus à l'Angleterre, la condamnent, comme hérétique et sorcière, à mourir sur un bûcher,

1432. — Découverte des îles Açores par les Portugais.

1433. — Mort de Jean Ier, roi de Portugal.

1437. — Mort de l'empereur Sigismond. Albert II, de la maison de Habsbourg, est élu empereur.

1439. — L'union de l'église des Grecs et de celle des Latins est arrêtée à Florence entre le concile, le pape et l'empereur d'Orient.

1443. — Croisade, en Hongrie, contre les Turcs.

1444. — Ladislas, roi de Hongrie, est complétement défait près de Varna, sur le Pont-Euxin, par le sultan Amurat.

1450. — Charles VII défait les Anglais à la bataille de Perpignan. Cette victoire lui assure la conquête de la Normandie. — Pierre Schœffer, Jean Fust et Gutenberg inventent la fonte des caractères d'imprimerie. Jean Mentel avait déjà publié à Strasbourg, en 1437, une bible faite à l'aide de planches gravées. Les Hollandais prétendent qu'en 1430, Laurentius Caster, de Harlem, avait découvert les caractères mobiles.

1451. — Charles III achève la conquête de la Guyenne sur les Anglais. — Réunion des anciennes pairies à la couronne de France.

1452. — Commencement des guerres civiles de *la Rose blanche* et de *la Rose rouge*, ou des maisons d'York et de Lancastre, entre le roi Henri VI, descendant de Jean, troisième fils d'Edouard, roi d'Angleterre, et Richard, duc d'York.

1453. — Après une guerre de plus de cent ans, les Anglais sont entièrement chassés de France, où ils ne possèdent plus que la ville de Calais.

HISTOIRE MODERNE

1453. — Après un siége de deux mois, *Mahomet II* s'empare de Constantinople ; le dernier des empereurs romains périt sur la brèche ; l'empire grec finit et la monarchie turque commence.

1461. — *Louis XI* monte sur le trône de France. Il bat à *Montléry* la ligue du bien public.

1468. — Louis XI est fait prisonnier par Charles le Téméraire, duc de Bourgogne, qui lui fait signer un traité onéreux et humiliant.

1469. — *Isabelle de Castille* épouse *Ferdinand d'Aragon*. Ce mariage, et quelques années plus tard, la réunion des deux royaumes, commencent la grandeur de l'Espagne.

1476. — Charles le Téméraire est battu par les Suisses à *Morat* et à *Granson*.

1477. — Il est tué à la bataille de *Nancy*. Avec lui s'éteint cette race des grands vassaux rebelles, dont il personnifiait tous les défauts et toute la magnificence.

1486. — *Barthélemy Diaz* découvre le cap de Bonne-Espérance, doublé onze ans plus tard par Vasco de Gama.

1488. — *Anne de Beaujeu*, régente de France, bat à *Saint-Aubin du Cormier*, le duc d'Orléans révolté.

1492. — Prise de *Grenade* et fin de la domination des Maures en Espagne : *Boabdil*, dernier roi du dernier royaume musulman, se réfugie en Afrique.

Christophe Colomb découvre l'Amérique, le 8 octobre.

1495. — *Charles VIII*, entraînant sur ses pas la bouillante jeunesse de France, se précipite en Italie pour faire valoir ses droits au royaume de Naples. La guerre est d'abord heureuse. Charles entre à Rome, à Naples en triomphateur et prend le titre d'empereur d'Orient. Mais bientôt une ligue formidable de tous les Etats de l'Italie le force de rentrer en France.

1498. — Les Portugais abordent aux Indes sous la conduite de *Vasco de Gama*. A partir de ce moment, le passage aux Indes, par le cap de Bonne-Espérance, ouvre une nouvelle route au commerce de l'Europe avec l'Asie, et fait tomber l'importance commerciale d'Alexandrie et de Venise.

1500. — Le roi de France, Louis XII, s'empare du duché de Milan.

1515. — Une dernière tentative de Louis XII, pour reconquérir le Milanez, aboutit à la funeste bataille de *Novare*, suivie de la perte totale de l'Italie.

La confédération Suisse, fondée en 1307, achève de se consolider.

1515. — François Ier, duc d'Angoulême, monte sur le trône de France. Il remporte à Marignan, en Italie, la célèbre victoire connue sous le nom de *Bataille des géants*.

1516. — Le petit-fils de Ferdinand le Catholique, *Charles-Quint*, monte sur le trône d'Aragon.

1520. — Commencement de la réforme. *Martin Luther*, moine augustin, brûle sur la place publique de Wittenberg, la bulle d'excommunication lancée contre lui par le pape Léon X.

1521. — Conquête du Mexique par Fernand Cortez. Entrevue des rois de France et d'Angleterre au camp du *Drap-d'or*, entre Guines et Ardres.

1522. — *Lautrec*, général français, perd le Milanez et est battu à *Bicoque*.

1523. — *Gustave Vasa* délivre la Suède de la domination danoise. A partir du règne de ce prince, la Suède compte au nombre des puissances prépondérantes de l'Europe.

1525. — François Ier est fait prisonnier par Charles-Quint à la bataille de Pavie.

1526. — Il signe le traité de *Madrid*, qu'il s'empresse de désavouer dès qu'il est en liberté.

La Prusse, possédée depuis le commencement du XIIIe siècle par l'ordre religieux des *chevaliers teutoniques* est érigée en duché et fief héréditaire de la Pologne, en faveur d'Albert de Brandebourg, grand maître de l'ordre, qui renonce à ce titre, pour embrasser le luthéranisme ; c'est de ce moment que date la sécularisation de la Prusse.

1528. — François Ier signe le *Traité de Cambrai* ou *Paix des dames*, qui ratifie les conditions du traité de Madrid.

1529. — Les Turcs mettent le siége devant *Vienne*, défendue par Ferdinand, frère de Charles-Quint.

1530. — A la *diète de Spire*, les réformés protestent contre l'arrêt qui limite l'extension de leurs doctrines. La *diète d'Augsbourg* n'a pas un meilleur résultat, et les rebelles, enhardis, après avoir rédigé leur symbole, qu'on appelle *Confession d'Augsbourg* et qui est devenu la base des croyances luthériennes, forment une confédération politique et guerrière qui prend le nom de ligue de *Smalkalde*.

1532. — Henri VIII, roi d'Angleterre, répudie sa femme, Catherine d'Aragon. C'est l'origine de l'Eglise anglicane.

1533. — *François Pizarre* fait la conquête du Pérou.

1535. — *Calvin*, second chef de la réforme religieuse, se fixe à Genève, où le parti de la réforme devient bientôt dominant, et prend le nom de *Huguenot*, que les uns font dériver d'un certain Besançon Hugues, chef d'un parti religieux et politique à Genève ; les autres d'un mot allemand qui signifie *associés, confédérés*.

1536. — Henri VIII fait trancher la tête à Anne de Boleyn, qu'il avait épousée peu d'années auparavant, à la suite de son divorce avec Catherine d'Aragon, tante de Charles-Quint. C'est à l'occasion de ce divorce, que le pape n'avait pas voulu sanctionner, que date la rupture du clergé anglais avec le pape.

François Ier cherche à reprendre le Milanez. Charles-Quint passe les Alpes et assiége Marseille.

1544. — Bataille de Cérisoles, gagnée par le comte d'Enghien sur le marquis d'El-Vasto. Bataille de Crespy, qui force François Ier à renoncer à l'Italie, donne la prépondérance aux Espagnols dans ce royaume. Henri VIII, ligué avec Charles-Quint, s'avance jusqu'à Boulogne.

1545. — Les querelles religieuses suscitées par la réforme donnent naissance au *concile de Trente*.

1552. — *Charles-Quint* vient assiéger Metz, mais il est repoussé par le duc François de Guise.

1553. — Mort d'Edouard VI, roi d'Angleterre. Le comte de Northumberland fait proclamer Jeanne Gray, fille de Marie, sœur de Henri VIII.

1554. — Marie fait décapiter Jeanne Gray et lord Guilford, son mari. Elle épouse Philippe, fils de Charles-Quint.

1555. — Abdication de Charles-Quint en faveur de Philippe II, son fils.

1556. — Charles-Quint se démet de l'empire d'Allemagne en faveur de Ferdinand, roi des Romains.

1558. — Le duc de Guise reprend aux Anglais la ville de Calais, qu'ils occupaient depuis deux cent dix ans. La reine Marie fut si sensible à la perte de cette place qu'elle en mourut de chagrin. — Marie Stuart épouse François, dauphin de France.

1559, — Le roi d'Espagne signe le traité de paix de *Cateau-Cambresis*, que l'on peut considérer comme la fin des guerres d'Italie.

1560. — La *conjuration d'Amboise*, qui avait pour but d'enlever le roi de France, de le soustraire à l'autorité des Guises et d'obtenir la liberté de conscience, devient le signal des guerres religieuses qui désolent la France jusqu'au règne de Henri IV.

1561. — Le *colloque de Poissy* a pour résultat l'*édit de janvier* qui accorde en France aux protestants le libre exercice de leur culte hors de l'enceinte des villes fermées.

1563. — La *convention d'Amboise* termine la première guerre de religion. — Fin du concile de Trente; il avait commencé en 1545 et avait, par conséquent, duré dix-huit ans.

1567. — Darnley épouse Marie Stuart; fait massacrer sous les yeux de cette reine le musicien David Rizzio, dont il était jaloux. Il périt bientôt lui-même au milieu de l'explosion de la maison qu'il habitait. Marie Stuart épouse Bothwell. Les grands se révoltent, la forcent d'abdiquer et nomment Jacques VI, son fils, roi d'Écosse, sous la régence de Murray, son oncle.

1568. — La seconde guerre se termine par la paix de Lonjumeau.

1569. — La *Toscane* est érigée en grand-duché en faveur de la maison de Médicis. Époque brillante de l'Italie.

1570. — La paix de *Saint-Germain* est encore plus favorable aux réformés que les précédentes; on leur accorde plusieurs villes fortes, avec le droit d'y tenir garnison.

1571. — La flotte vénitienne et espagnole, commandée

par *don Juan d'Autriche,* fils naturel de Charles-Quint, fait éprouver aux Turcs, dans le golfe de *Lépante,* une défaite qui ruine leur puissance maritime.

1572. — Massacre de la Saint-Barthélemy, qui est une des plus grandes fautes du règne de Charles IX. Il ne fait qu'exaspérer les protestants ; ils obtiennent l'année suivante la paix de la Rochelle qui leur rend le libre exercice de leur culte et toutes leurs places de sûreté.

1576. — Le *duc de Guise* forme la *Ligue* ou *Sainte-Union,* qui doit avoir pour but de défendre la religion catholique.

1579. — Les *Pays-Bas* s'affranchissent du joug des Espagnols, et forment un gouvernement nouveau sous le nom de *République des Sept provinces unies.*

1580. — Décadence des Portugais dans l'Inde et commencement de la grandeur des Hollandais.

1582. — Etablissement du calendrier grégorien.

1584. — Premiers établissements des Anglais dans l'*Amérique septentrionale.*

1587. — Le roi de Navarre défait complétement à *Coutras* (Gironde) le duc de Joyeuse, favori d'Henri III. — *Marie Stuart,* reine d'Ecosse, prisonnière d'Elisabeth, meurt sur l'échafaud.

1588.—Le duc de Guise, véritable maître de Paris, force Henri III à s'échapper. Celui-ci se réfugie à Blois, où il convoque les états généraux. Le duc de Guise et son frère le cardinal de Lorraine s'y rendent et y sont assassinés par ordre du roi.

Les catholiques nomment alors le duc de Mayenne, frère du duc de Guise, lieutenant-général du royaume.

1589.— Henri III fait alliance avec le roi de Navarre, et tous deux viennent mettre le siége devant Paris. Un ligueur fanatique, Jacques Clément, pénètre près du roi de France et le blesse mortellement d'un coup de poignard.

1592. — Le roi de Navarre gagne plusieurs batailles successives, à *Arques,* à *Ivry,* à *Aumale.*

1593. — Il abjure le protestantisme à *Saint-Denis,* et se fait sacrer à *Chartres.*

1594. — Il fait son entrée solennelle à Paris et se rend à *Notre-Dame,* au milieu des transports et des acclamations populaires.

1598. — Henri IV signe avec le roi d'Espagne le traité de *Vervins* qui marque la fin des guerres de religion, et publie l'*édit de Nantes*, qui assure aux protestants le libre exerciec de leur culte.

1600. — Origine de la *Compagnie anglaise* des Indes orientales.

1602. — Conspiration formée par les grands contre le roi et la sûreté de l'Etat. Le maréchal de Biron, qui était l'âme du complot, est condamné à la peine de mort et subit sa peine dans la cour de la Bastille.

1603. — La reine Elisabeth meurt à l'âge de soixante-neuf ans. Jacques IV, roi d'Écosse, fils de Marie Stuart, lui succède et réunit sous son sceptre les royaumes d'Ecosse et d'Irlande, et prend le nom de Jacques Ier.

1605. — Conspiration des poudres, en Angleterre. Les conspirateurs voulaient faire sauter le parlement au moment où le roi et sa cour s'y trouvaient.

1609. — Philippe III chasse les Maures d'Espagne. La dépopulation produite par cet édit est encore une des causes de l'affaiblissement de cette contrée. Quelques-uns de ces malheureux passèrent en France, mais le plus grand nombre repassa en Afrique.

1610. — Henri IV est assassiné par le fanatique Ravaillac; jamais roi, venu dans des temps d'extrême violence, n'a par des procédés plus doux, mis fin à tant de mal, commencé tant de bien et relevé la monarchie avec tant de ménagements, pour les anciennes traditions ou les nouveaux besoins de liberté.

La reine-mère, *Marie de Médicis*, est nommée régente du royaume.

1611. — Mort de Charles IX, roi de Suède. Son fils, Gustave-Adolphe continue la guerre contre les Danois.

1613. — Avénement de la maison de *Romanow* au trône de Russie. Michel Fœdérowitz, fils de Fœdor Romanow, simple boyard, est élu tzar par les grands.

1614. — Les états généraux se réunissent à Paris; ce sont les derniers qui furent tenus jusqu'à ceux de 1789. Commencement de la guerre de Trente-Ans. Le prince de Neubourg abjure le luthéranisme pour s'assurer l'appui de la ligue catholique.

1615. — Commencement des *whigs* et des *tories*, en Angleterre. Les premiers représentaient le peuple ou l'opposition; ce parti, qui puisait sa force dans la démagogie, renversa le trône; les seconds représentaient l'église anglicane et la royauté. Ces dénominations ont subi depuis plusieurs altérations, par suite des variations politiques.

1616. — Malgré le traité de Loudun, entre la reine régente et les mécontents, le prince de Condé est arrêté et enfermé à Vincennes.

1617. — Le roi fait tuer par Vitry, son capitaine des gardes, le maréchal d'Ancre, au moment où il arrivait devant le Louvre; sa femme, Éléonore Galigaï, est condamnée par le parlement à être brûlée vive. Après la mort de ces deux favoris, la régente est reléguée à Blois.

1618. — Sédition sanglante dans la Hollande. Les protestants de la Bohême prennent les armes contre l'empereur Mathias. Ils s'assemblent à Prague et jettent les envoyés de l'empereur par les fenêtres.

La guerre de Trente-Ans se ralentit en Silésie et en Moravie.

1619. — La Bohême, révoltée, nomme roi l'électeur palatin Frédéric V, qui se ligue avec le roi d'Angleterre et les princes protestants d'Allemagne, contre l'empereur Ferdinand, l'Espagne, la Bavière et la Saxe. La ligue protestante succombe.

1620. — Prise des Ponts-de-Cé, qui termine les dissensions entre Louis XIII et la reine mère. Pacification d'Ulm. — Bataille de Prague, où l'électeur palatin est défait par l'empereur Maximilien. Les rois de Danemark et de Suède viennent au secours de l'électeur.

1621 — Mort de Philippe III. Philippe IV, son fils, lui succède. Mort de Cosme III, grand-duc de Toscane, Ferdinand II lui succède.

1624. — La royauté française suit une marche rétrograde et timide, lorsque l'entrée de Richelieu au ministère vient sauver l'œuvre de Henri IV.

1625. — Mort de Jacques Ier, roi d'Angleterre; son fils, Charles Ier, lui succède. Buckingham devient plus puissant que jamais. Les protestants allemands, vaincus dans la première lutte, appellent à leur secours les princes du Nord, mais ils sont encore battus par Wallenstein, qui commande les armées impériales.

1626. — Le parlement d'Angleterre veut empêcher le roi d'étendre son autorité; Charles Ier fait arrêter deux membres de ce corps, jaloux de ses priviléges. — Une ligue dans laquelle entrent la Suède, le Danemark, la Hol-

lande et les protestants de la Basse-Saxe, se forme pour
écraser l'empereur Ferdinand II. L'Allemagne devient le
théâtre de batailles sanglantes. A ce moment les trois
plus grands Etats de l'Europe étaient gouvernés par des
ministres : le cardinal de Richelieu gouvernait la France,
le duc d'Olivarès l'Espagne, et le duc de Buckingham
l'Angleterre.

1627. — Le duc de Buckingham fait déclarer la guerre
à la France. Le roi d'Angleterre lève des impôts sans tenir
compte des refus du parlement. Le cardinal de Richelieu
s'empare de la Rochelle, boulevard du calvinisme, après
un siége de onze mois.

1629. — L'Autriche et l'Espagne se liguent de nouveau
pour extirper les protestants de l'Allemagne. — Taï-
Tsong, chef des Mandchoux, tente la conquête de la Chine ;
il s'empare de plusieurs villes et met le siége devant
Pékin.

1630. — Le roi de Suède, *Gustave-Adolphe*, s'allie aux
protestants, chasse le général Tilly du Mecklembourg et
s'avance dans la Franconie. Richelieu fait alliance avec
lui pour diminuer la puissance de la maison d'Autriche.

1631. — Prise de Stettin, par Gustave-Adolphe. Il prend
Francfort-sur-l'Oder, rétablit les ducs de Mecklembourg,
bat les généraux Pappenheim et Tilly et s'empare de
Wurtzbourg.

1632. — Richelieu, toujours en butte aux intrigues du
frère du roi, Gaston d'Orléans, se maintient néanmoins
dans sa position. Il bat, à *Castelnaudary*, le duc de
Montmorency révolté. Celui-ci porte à Toulouse sa tête
sur l'échafaud. C'est la fin du duel à mort engagé entre
Richelieu et la féodalité. — Bataille de Lutzen, où Gustave-Adolphe est tué.

1634. — Wallenstein, que favorise Richelieu, forme le
projet de se faire couronner roi de Bohême ; l'empereur
Ferdinand II le fait assassiner dans Egra, par Gordon. —
Bataille de Nordlingue ; les Suédois sont battus par les
Impériaux. Cette défaite eut pour la Suède les plus fu-
nestes résultats : elle fut obligée d'abandonner la Bavière, la Souabe, le Wurtemberg et la Franconie.

1635. — Prise de Philipsbourg par les Impériaux. Le roi
de France déclare la guerre à l'Espagne ; cette guerre dura
vingt-cinq ans. Victor-Amédée est fait capitaine général

de la ligue formée entre la France, Parme et la Savoie.

1637. — Charles Ier veut rétablir la liturgie d'Ecosse. Les Presbytériens se soulèvent et rédigent le fameux *Covenant*, acte par lequel ils s'engagent à défendre leur religion jusqu'à la mort.

1638. — Le parlement anglais, dont l'hostilité pour le roi devient de plus en plus forte, blâme sa conduite. Etablissement du vœu de Louis XIII, que l'Eglise continue d'accomplir par une procession solennelle, le jour de l'Assomption.

1640. — Prise de Newcastle, par les Ecossais révoltés. La chambre haute accuse le ministre Straffort de haute trahison. — Révolution de Portugal. La maison de Bragance remonte sur le trône. Cette révolution occasionna une guerre cruelle entre les deux royaumes.

1642. — Le comte de Soissons, Cinq-Mars et son ami de Thou, viennent clore cette longue liste de conspirateurs qui bravent à plaisir la vengeance du ministre. Richelieu meurt quelque temps après. Mazarin lui succède au ministère. — Richelieu abaisse les grands et étend une verge de fer sur toute la France. Il protége les lettres et prépare le siècle de Louis XIV. Il fonde l'Académie française.

1643. — Bataille de Newbury, où Charles Ier est battu par les parlementaires. Mort de Louis XIII, à Saint-Germain en Laye. Anne d'Autriche est nommée régente de Louis XIV, âgé de quatre ans et demi.

1644. — Le général parlementaire Fairfax, défait les troupes de Charles Ier. Olivier Cromwell bat le prince Robert près d'York, gagne la bataille de Newbury, et se met à la tête du parti révolutionnaire.

1647. — Entrée de Cromwell à Londres. Charles Ier est fait prisonnier dans l'île de Wight. — Soulèvement, en France, contre le cardinal Mazarin. Révolte des Napolitains, qui remplacent le vice-roi par un pêcheur nommé Masaniello. — Paix de Westphalie, entre les princes catholiques et les princes protestants de l'Allemagne. Fin de la guerre de Trente-Ans. La France acquiert une partie de l'Alsace.

1648. — Les Suédois, privés de Gustave-Adolphe et n'étant pas assez forts pour tenir seuls en Allemagne, s'allient avec la France. Après treize ans de guerre, les victoires de Bernard de Weimar, de Condé et de Turenne, décident enfin l'empereur Ferdinand à signer la paix de Westphalie, qui, en mettanf fin à cette guerre, devient la base de la politique qui a régi l'Europe jusqu'à nos jours.

Commencement des troubles de la Fronde, qui agitent les premières années du règne de Louis XIV, sous le ministère du cardinal Mazarin.

1649. — Charles Ier est décapité à Wite-Hall, après avoir été traduit devant le parlement. La royauté est abolie en Angleterre; la chambre des pairs est supprimée, et Cromwell se déclare protecteur. Les frondeurs deviennent maîtres de Paris. Louis XIV fuit à Saint-Germain avec sa mère. Le prince de Condé et le duc d'Orléans assiégent Paris, que défend Turenne. Les partis se rapprochent et le roi rentre à Paris.

1651. — Acte de navigation promulgué en Angleterre, pour fermer à tous les pavillons étrangers l'accès des colonies anglaises. Cet acte fut la base exclusive des Anglais dans les deux mondes.

1653. — Cromwell chasse le parlement et en forme un autre qu'il dissout encore. Le conseil militaire lui donne le titre de roi, qu'il refuse ; il accepte celui de protecteur à vie, le droit de justice, de guerre et de paix, et la disposition d'une force de trente mille hommes. — Les Portugais perdent le cap de Bonne-Espérance, dont s'emparent les Hollandais.

1654. — Cromwell force la Hollande à reconnaître son pavillon, à ne prendre pour stathouder aucun prince de la maison d'Orange, et à abandonner le parti de Charles II.

1655. — Cromwell achève de s'emparer de l'Irlande ; il fait la conquête de la Jamaïque, force Louis XIV à lui remettre Dunkerque et à renvoyer le prétendant Charles II de ses États.

1657. — Mort de l'empereur Ferdinand III. Son fils Léopold est élu, malgré l'opposition de Louis XIV, qui s'avance jusqu'au Rhin.

1653. — *Cromwell* se fait déclarer, par le parlement, *protecteur* ou chef de la république d'Angleterre.

1658. — Mort de Cromwell. Il avait gouverné despotiquement, mais d'une manière ferme et habile.

1659. — Traité de paix des *Pyrénées*, complément du traité de Westphalie. Par suite de ce traité, Louis XIV épouse l'infante Marie-Thérèse d'Autriche, fille du roi d'Espagne.

1660. — La restauration des Stuarts s'accomplit dans la personne de Charles II, fils de l'infortuné Charles Ier, grâce au concours et à l'habileté du général Monk, gouverneur de l'Ecosse.

1661. — Mort du cardinal Mazarin. Continuateur heureux des plans de Richelieu, il avait mis la maison de Bourbon en possession de la prépondérance que la maison d'Autriche venait de perdre à la suite de la guerre de Trente-Ans. Louis XIV commence à régner par lui-même.

1662. — Charles II, roi d'Angleterre, épouse Catherine de Portugal, qui lui apporte en dot Tanger et Bombay. — Dunkerque, Mardick, et toutes les places occupées par les Anglais sur les côtes sont rachetées par la France.

1663. — Colbert établit l'académie des inscriptions et belles-lettres. — Louis XIV envoie un corps de six mille hommes au secours de l'empereur contre les Turcs, qui s'avancent en Hongrie. — Une compagnie française se forme pour coloniser Cayenne ; elle en chasse les Hollandais.

1664. — Colbert présente à Louis XIV le plan d'une compagnie des Indes. Il rachète la Martinique et la Guadeloupe.

1665. — A la mort de Philippe IV, Louis XIV réclame le Brabant, la Flandre et la Franche-Comté, comme dot de sa femme, et s'empare en quelques jours de ces trois provinces. La Hollande, inquiète, forme avec l'Angleterre et la Suède la *triple alliance* et contraint Louis XIV à déposer les armes. Cette guerre, dite de *dévolution*, se termina par le traité d'*Aix-la-Chapelle*.

1666. — Colbert, après avoir fondé l'école française de peinture à Rome, établit l'Académie royale des sciences à Paris.

1667. — Colbert crée le conseil d'Etat, qui émet les règlements sur toutes les parties de l'administration, et les ordonnances qui ont rendu son nom si célèbre.

1668. — Conquête de la Franche-Comté, par Louis XIV, par le prince de Condé et le duc de Luxembourg.

1669. — Les Turcs prennent Candie, après vingt-quatre ans de combats, malgré les secours envoyés par Louis XIV.

1670. — L'Angleterre, la Suède et la Hollande renouvellent, à La Haye, la triple alliance. Colbert fait rendre par le roi un édit portant que le commerce de mer ne dérogera pas à la noblesse.

1672. — Guerre contre la Hollande, qui se termine en 1678, par le traité de *Nimègue*, qui attribue à la France la Franche-Comté, seize places en Belgique et une grande partie de l'Alsace.

1675. — *Turenne* chasse de l'Alsace les généraux ennemis; mais il est tué à *Saltzbach*, non loin de Strasbourg, d'un coup de canon.

1676. — Le parlement d'Angleterre déclare le duc d'York incapable de jamais succéder au trône d'Angleterre.

1678. — Paix de Nimègue entre la France, la Hollande et l'Espagne. La France acquiert, par ce traité, Valenciennes, Condé, Bouchain, Cambrai, Maubeuge et Charlemont.

1680. — Réunion des fiefs de l'Alsace et des Trois Evêchés à la France. Colbert établit à Paris une chaire de droit public; il fait exécuter le projet d'un méridien en France, et corriger les erreurs de latitude.

1681. — La marine française est augmentée de 60,000 matelots. Les ports de Brest et de Toulon sont agrandis. Rochefort devient un port de construction de premier ordre.

1682. — Duquesne bombarde *Alger* pour la troisième fois; *Gênes*, accusée d'avoir vendu de la poudre aux Barbaresques, essuie aussi un terrible bombardement; son doge vient à Versailles implorer la clémence du roi. Mort de Marie-Thérèse, femme de Louis XIV. Mort de Colbert. Sous son ministère on construisit les places Vendôme et des Victoires, les ponts Royal et de la Tournelle, les portes Saint-Denis et Saint-Martin, l'observatoire, les manufactures de glaces et des Gobelins, les boulevards, les quais, le Val-de-Grâce, etc. Second siége de Vienne par le vizir Cara-Mustapha. Sobieski, roi de Pologne, le force à lever le siége.

1684. — Trêve de vingt ans, conclue à Ratisbonne, entre la France, l'Espagne et l'empire. Le roi de Siam envoie des ambassadeurs à Louis XIV.

1685. — Révocation de l'édit de Nantes, qui accordait aux protestants le libre exercice de leur religion.

1686. — Le maréchal de la Feuillade fait élever une statue équestre en l'honneur de Louis XIV, sur la place des Victoires.

1688. — Chute des Stuarts. Le règne de cette dynastie finit avec les héritiers mâles, en la personne de Jacques II, détrôné par Guillaume d'Orange, son gendre.

Pierre le Grand bâtit Saint-Pétersbourg et fonde la puissance moscovite.

1692. — L'amiral anglais, Russel, disperse, à la Hogue, la flotte française, envoyée par Louis XIV au secours de Jacques II, contre le prince d'Orange.

Le duc de Luxembourg bat successivement les ennemis à *Fleurus*, à *Steinkerque*, à *Nerwinde*. *Catinat* bat le duc de Savoie à *Staffarde*, à la *Marsaille*.

1693. — Institution de l'ordre de Saint-Louis. Les Hollandais prennent aux Français Pondichéry, dans les Indes.

1694. — Etablissement de la banque royale de Londres.

1695. — Louvois, successeur de Colbert, meurt après avoir dissipé tous les trésors de la France dans des guerres ruineuses.

1696. — Siége et prise d'Azow par le tzar Pierre le Grand. La marine russe commence à se former.

1697. — Louis XIV signe le traité de *Ryswyk*, par lequel il rend la Lorraine, un grand nombre de places dans les Pays-Bas et sur le Rhin, et reconnaît Guillaume III comme roi d'Angleterre et d'Irlande.

1699.—Traité de Carlowitz entre l'empereur de Russie, les Polonais, les Vénitiens et les Turcs.

1700. — Louis XIV envoie son petit-fils régner en Espagne, signe des lettres patentes dans lesquelles il réserve au nouveau roi d'Espagne ses droits éventuels au trône de France; puis après la mort du roi Jacques, il s'empresse de reconnaître son fils comme roi légitime d'Angleterre. C'était violer à la fois le testament de Charles II et le traité de Ryswyk.

1701. — Guillaume III organise une nouvelle coalition contre la France. En Allemagne, *Villars* gagne la bataille de *Friedlingen;* il est salué maréchal de France par ses soldats, titre que le roi s'empresse de confirmer.

1704. — Les Anglais s'emparent de Gibraltar qui est à tout jamais perdu pour l'Espagne.

1709. — Charles XII est défait à *Pultava* par Pierre le Grand ; décadence de la Suède ; élévation de la Russie.

1712. — Le maréchal Villars remporte la victoire de *Denain ;* il sauve la France et amène le traité d'Utrecht, qui termine la guerre de la succession d'Espagne.

1715. — Louis XIV survit à peine deux ans au traité d'*Utrecht ;* il ne laisse pour lui succéder qu'un arrière petit-fils, âgé de quatre ans. Avec lui finit le règne le plus brillant de la monarchie.

1715. — Le duc du Maine est écarté des affaires et le duc d'Orléans est nommé régent.

1718. — L'Ecossais *Law* est nommé contrôleur général des finances, mais il fait bientôt banqueroute ; il est obligé de s'enfuir à Venise.

Les Turcs, les Vénitiens et l'empereur d'Autriche signent le traité de paix de *Passarowitz*, qui assure définitivement le triomphe de la chrétienté sur l'islamisme.

1733. — Le roi de Pologne Stanislas est assiégé dans *Dantzick* par les Russes. *Berwick* et *Villars* terminent glorieusement leur carrière, l'un par la prise de *Philisbourg*, l'autre par celle de *Pavie*. Cette guerre se termine par le *traité de Vienne*, en 1738.

1744. — Guerre de la *succession d'Autriche*. Cette guerre eut pour cause la mort de Charles VI, empereur d'Allemagne, qui ne laissait point d'héritiers mâles. Sa pragmatique sanction assurait la couronne à sa fille Marie-Thérèse, épouse de François de Lorraine, duc de Toscane, au préjudice des filles de Joseph Ier, frère et prédécesseur de Charles VI, qui, comme lui, était mort sans enfants mâles. La France se déclara contre Marie-Thérèse, et remporta la célèbre bataille de *Fontenoy*.

1746. — Le maréchal de Saxe remporte les victoires de *Raucoux* et de *Lawfeld*. En Angleterre, le prétendant est battu à *Culloden* par le duc de Cumberland.

1748. — La paix est signée à *Aix-la-Chapelle* ; Louis XV sacrifia ses conquêtes en Savoie et dans les Pays-Bas, et François Ier fut solennellement reconnu empereur d'Allemagne.

1756. — Guerre de *sept ans*. Cette guerre, qui dura jusqu'en 1763, eut pour cause la rivalité de l'Autriche et de la Prusse qui, sous Frédérick II, commençait à devenir une puissance prépondérante en Allemagne. Elle se divise en deux parties : 1° Lutte du roi de Prusse, appuyé par l'Angleterre entre l'Autriche, la Saxe, la France et la Russie ; 2° lutte de l'Angleterre contre la France, principalement sur mer et aux Indes.

Le maréchal de Richelieu s'empare de *Port-Mahon* et des îles *Baléares*. Le duc de Soubise est battu à *Rosbach* par Frédéric II ; le maréchal de Broglie bat le duc de *Brunswick* à Berghen.

1761. — Le duc de Choiseul unit, dans une alliance intime les Bourbons de France, d'Espagne, de Parme et de Naples. Ce traité célèbre est connu sous le nom de *Pacte de famille*.

1763. — La paix est signée à *Paris* et à *Hubertsbourg*. Par ce traité, la France perdit ses plus belles colonies : le Canada, la Nouvelle-Écosse, la Louisiane, en Amérique, et presque toutes ses possessions aux Indes ; l'Angleterre parvint au plus haut point de sa grandeur, et la Prusse monta définitivement au rang d'un État de premier ordre.

1768. — Les Génois cèdent la *Corse* à la France.

1772. — La Russie, la Prusse et l'Autriche se partagent une première fois la Pologne.

1774. — Louis XV meurt de la petite vérole après un règne triste et scandaleux.

1775. — Les colonies anglaises, en Amérique, se révoltent.

1782. — L'Angleterre reconnaît l'indépendance des États-Unis d'Amérique.

1787. — Première réunion des notables à Versailles. Cette assemblée de privilégiés repoussa toutes les propositions qui lui furent soumises et ne consentit à aucun des sacrifices qu'exigeaient les circonstances.

1788. — Seconde assemblée des notables qui n'eut aucun résultat.

1789. — Assemblée des états généraux, au milieu d'un enthousiasme sans exemple dans l'histoire.

La noblesse et la majorité du clergé ayant refusé d'adhérer à la fusion des trois ordres, les députés du tiers, auxquels s'étaient réunis beaucoup de curés, se constituèrent, le 17 juin, et décrétèrent la perception provisoire des impôts.

La salle des États ayant été fermée, sous prétexte d'y faire les préparatifs d'une séance royale, les députés du tiers se réunissent dans le local du *Jeu de Paume*, et réunis sous la présidence de Bailly, jurent de ne pas se séparer avant d'avoir achevé la Constitution.

27 juin. — Le roi cède, et d'après son ordre, le clergé et la noblesse se rendent dans la salle de l'Assemblée nationale et achèvent la fusion des trois ordres.

14 juillet. — Prise de la Bastille par le peuple de Paris.

4 août. — Abolition de tous les priviléges féodaux.

12 octobre. — Translation de l'Assemblée nationale à Paris.

1790. — 19 juin. — Suppression de tous les titres de noblesse.

1791. — 2 avril. — Mort de Mirabeau.

21 juin. — Louis XVI, qui s'était décidé à quitter la France avec sa famille, est arrêté à Varennes.

30 septembre. — Clôture de l'Assemblée constituante.

1er octobre. — Première séance de la seconde Assemblée nationale, dite Assemblée législative.

1792. — L'Autriche, la Prusse et la Russie forment une alliance défensive contre la France.

14 août. — Le peuple des faubourgs, secondé par des bataillons de fédérés marseillais, attaque le château des Tuileries. Les Suisses sont massacrés, et le roi se réfugie au sein de l'Assemblée législative, qui le suspend de ses fonctions.

13 août. — Le roi et sa famille sont emprisonnés au Temple.

22 août. — Première insurrection vendéenne.

2-6 septembre. — Horribles massacres dans les prisons de Paris, de Versailles et d'Orléans.

20 septembre. — Bataille de Valmy gagnée sur les Prussiens.

21 septembre. — Ouverture de la Convention nationale qui, dès sa première séance, abolit la royauté et proclame la république.

6 novembre. — Bataille de Jemmapes, gagnée sur les Autrichiens.

1793. — 21 janvier. — Mort de Louis XVI.

9 février. — Première coalition de l'Europe contre la France.

11 février. — Établissement du *Tribunal révolutionnaire*.

Commencement du règne de la *Terreur*.

13 juillet. — *Marat* est assassiné par *Charlotte Corday*.

16 octobre. — Mort de Marie-Antoinette.

1794. — 27 et 28 juillet. — Chute de Robespierre ; fin de la *Terreur*.

1795. — 5 octobre. — Dernière insurrection populaire, réprimée par Bonaparte qui paraît pour la première fois sur la scène.

26 octobre. — Clôture de la *Convention* nationale.

1er novembre — Formation du *Directoire*, qui s'établit au Luxembourg.

1796. — 2 mars. — Bonaparte est nommé général en chef de l'armée d'Italie.

11 avril. — Bataille de *Montenotte*, gagnée sur les Piémontais et les Autrichiens.

3 août. — Bataille de *Castiglione*.

15 novembre. — Bataille du pont d'*Arcole*.

1797. — 17 octobre. — Traité de paix de *Campo-Formio* avec l'Autriche.

1798. — 19 mai. — Départ de l'expédition d'*Egypte* sous les ordres de Bonaparte.

21 juillet. — Bataille des *Pyramides*. Prise du Caire.

1799. — 8 avril. — Deuxième coalition contre la France.

9 octobre. — Bonaparte renverse le Directoire.

24 décembre. — Constitution dite de l'an VIII qui place les pouvoirs de l'Etat entre les mains des trois *consuls*, dont Bonaparte est le premier.

1800. — 14 juin. — Victoire de *Marengo*.

24 décembre. — Explosion de la machine infernale dirigée contre le premier consul.

1801. — 15 août. — Concordat entre le pape et le premier consul pour le rétablissement de la religion catholique.

1802. — 25 mars. — Traité de paix d'Amiens.

2 août. — Bonaparte est nommé premier *consul* à vie.

1804. — 18 mai. — Sénatus-consulte qui déclare Napoléon *empereur* des Français.

2 décembre. — *Sacre* et couronnement de Napoléon.

1805. — 11 avril. — Troisième *coalition* contre la France.

2 décembre. — Bataille d'*Austerlitz*, entière défaite de l'armée austro-russe.

1806. — 1er janvier. — Le calendrier républicain est aboli. On reprend le calendrier grégorien.

25 janvier. — Mort du ministre anglais William *Pitt*, infatigable fauteur des coalitions européennes contre la France.

12 juillet. — Traité de la *Confédération du Rhin*.
Campagne de Prusse.

14 octobre. — Bataille d'*Iéna*, gagnée sur les Prussiens.

1807. — 8 février. — Sanglante bataille d'*Eylau*.

14 juin. — Bataille décisive de *Friedland* gagnée sur les Russes et les Prussiens.

26 juin. — Entrevue de Napoléon et de l'empereur de Russie sur le *Niémen*.

7 juillet. — Traité de paix de Tilsitt.

1808. — Renversement des Bourbons d'Espagne.

1809. — Nouvelle guerre d'Allemagne.

7 juillet. — Bataille de *Wagram* gagnée sur les Autrichiens.

1810. — 2 avril. — Mariage de Napoléon avec Marie-Louise, archiduchesse d'Autriche.

1811. — 20 mars. — Naissance du *roi de Rome*.

1812. — 7 septembre. — Campagne de Russie; bataille de la Moskowa.

1814. — Quatrième coalition de l'Europe contre la France.

11 avril. — *Abdication* de Napoléon.

20 avril. — Départ de Fontainebleau pour l'île d'*Elbe*.

3 mai. — Entrée de *Louis XVIII* à Paris.

1815. — 20 mars. — Retour de Napoléon ou les *Cent-Jours*.

18 juin. — Bataille de *Waterloo*.

8 juillet. — Louis XVIII rentre à Paris.

1820. — 13 février. — Assassinat du duc de Berry par *Louvel*.

29 septembre. — Naissance du duc de Bordeaux.

1821. — 5 mai. — Mort de Napoléon à Sainte-Hélène.

1824. — 16 septembre. — Mort de Louis XVIII, et avénement de *Charles X* au trône.

1830. — Prise d'*Alger*.

Juillet. — Révolution des 27, 28 et 29 juillet. Le duc d'Orléans est proclamé roi des Français, sous le nom de *Louis-Philippe Ier*.

19 septembre — Révolution de *Belgique*. Les Hollan-

dais et le fils du roi Guillaume sont chassés de Bruxelles.

1831. — 9 juillet. — Léopold Ier est nommé roi des Belges.

1832. — 22 juillet. — Mort à Schœnbrunn du duc de Reichstadt à l'âge de 22 ans.

24 novembre. — Prise de la citadelle d'Anvers.

Election du roi Othon au trône de Grèce.

1833. — Mort de Ferdinand VII, roi d'Espagne.

Menées révolutionnaires en Italie. Mazzini.

1834. — Insurrections républicaines sur divers points, à Lyon, à Saint-Etienne, à Marseille et surtout à Paris.

20 mai. — Mort de Lafayette.

1835. — Attentat de Fieschi contre la vie du roi.

Mort de François II, empereur d'Autriche.

La reine Christine lutte péniblement en Espagne contre le parti carliste.

1836. — Tentative de Louis-Napoléon Bonaparte pour soulever la garnison de Strasbourg; il est transporté aux Etats-Unis.

6 juillet. — Victoire du général Bugeaud à la *Sickack* sur Abd-el-Kader.

Les Russes commencent la guerre avec les montagnards de la Circassie.

1837. — 20 juin. — Mort de Guillaume IV roi d'Angleterre. Avénement de Victoria, fille du duc de Kent.

13 octobre. — Prise de Constantine par le maréchal Valée.

1838. — 25 août. — Naissance du comte de Paris.

30 juin. — Mort du sultan Mahmoud II.

Avénement de son fils Abdul-Medjid.

1840. — 1er mars. — Avénement du ministère Thiers.

6 août. — Nouvelle tentative de Louis-Napoléon Bonaparte contre le gouvernement de Louis-Philippe. Il est arrêté à Boulogne et condamné à un emprisonnement perpétuel.

29 octobre. — Ministère Guizot.

15 décembre. — Translation des cendres de Napoléon aux Invalides.

1842. — Mort du duc d'Orléans.

1844. — 14 août. Brillante victoire remportée à Isly en Algérie par le maréchal Bugeaud.

Mort du roi de Suède Bernadotte.

1845. — Les Druses font un horrible massacre des chrétiens maronites.

1846. — Evasion de Louis Napoléon Bonaparte du fort de Ham.

Election du pape Pie IX.

Incorporation de la république de Cracovie à la monarchie autrichienne.

1847. — 23 novembre. Abd-el-Kader cerné dans le Maroc, se rend au général Lamoricière.

1848. — Troubles graves à Paris. Fuite du roi.

La république est proclamée.

Louis-Napoléon Bonaparte, élu président par cinq millions six cent mille suffrages, prend possession du pouvoir.

1849. — Tentative d'insurrection à Paris réprimée par le général Changarnier.

3 juillet. Siége et prise de Rome par l'armée française.

1850. — Mort du roi Louis-Philippe à Claremont.

12 avril. Rentrée du pape à Rome.

1851. Destitution du général Changarnier. Coup d'État du 2 décembre.

Louis Napoléon Bonaparte est élu président pour dix ans, avec huit millions de suffrages.

Exposition universelle de l'industrie à Londres.

1852. — Louis Napoléon Bonaparte est proclamé empereur sous le nom de Napoléon III par huit millions de suffrages.

En Espagne, attentat contre la reine, qui est blessée.

1853. — Mariage de l'Empereur avec mademoiselle Eugénie Montijo.

Guerre entre la Turquie et la Russie

Les flottes combinées de France et d'Angleterre dans les Dardanelles.

Destruction de la flotte turque dans la rade de Sénope.

1854. — Débarquement en Crimée, victoire de l'Alma.

Mort du maréchal Saint-Arnaud, qui a pour successeur le général Canrobert.

Siége de Sébastopol. — Victoire d'Inkermann.

Assassinat du duc de Parme.

1855. — Canrobert remplacé par le général Pélissier.

Prise de Sébastopol.

Mort de l'empereur Nicolas. Avénement de son fils ainé Alexandre II.

1856. — Naissance du prince impérial.

1857. — L'archevêque de Paris est assassiné.

Conquête de la grande Kabylie.

Insurrection des Indes contre le gouvernement anglais.

1858. Attentat du 14 janvier contre l'Empereur.

Formation d'une compagnie pour le percement de l'Isthme de Suez.

1859. — Préparatifs menaçants de l'Autriche contre le Piémont. — Révolution de Florence.

L'armée française passe les Alpes.

Combat de Montebello. — Bataille de Magenta. — 8 juin. Entrée de l'empereur et du roi de Piémont à Milan. — Bataille de Solferino. — 14 juillet, entrevue de Villafranca. —10 novembre, traité de Zurich.

Mort de Ferdinand II, roi des deux Siciles. — Avénement de son fils François II.

1860. — Traité de commerce conclu le 23 janvier entre la France et l'Angleterre.

Réunion de la Savoie et du comté de Nice à la France.

Expédition anglo-française en Chine.

Nouveaux massacres exécutés contre les chrétiens du Liban par les Druses. Envoi d'un corps de six mille Français en Syrie.

1861. — Une conférence diplomatique réunie à Constantinople règle le gouvernement du Liban de manière à éviter le retour des massacres.

Expédition en Cochinchine. Etablissement français fondé à l'embouchure du grand fleuve Canbody. Bataille de Ki-Hoa.

1862. — Expédition du Mexique. — Prise de Puebla.

1863. — Entrée du général Forey à Mexico.

L'archiduc Maximilien est nommé empereur du Mexique.

NOMENCLATURE DES EMPEREURS ET DES ROIS

Des principaux royaumes et empires

Et des Souverains Pontifes

LISTE DES EMPEREURS ROMAINS

Avant Jésus-Christ :

31. Auguste.

Après Jésus-Christ :

14. Tibère.
37. Caligula.
41. Claude Ier.
54. Néron.
68. Galba.
69. Othon.
69. Vitellius.
69. Vespasien.
79. Titus.
81. Domitien.
96. Nerva.
98. Trajan.
117. Adrien.
138. Antonin.
161. Marc Aurèle et Lucius Verus.
180. Commode.
193. Pertinax.
193. Diduis Julianus.
193. Niger.
193. Albinus.
193. Septime Sévère.
211. Caracalla et Géta.
217. Macrin.

218. Héliogabale.
222. Alexandre Sévère.
235. Maximin Ier.
237. Les deux Gordiens.
237. Maxime et Balbin.
237. Gordien le Pieux.
244. Philippe.
249. Dèce.
251. Gallus et Volusius.
253. Emilien.
253. Valérius.
253. Gallien.
268. Claude II.
270. Quintilius.
270. Aurélien.
275. Tacite.
276. Florien.
276. Probus.
282. Carus.
284. Carin.
284. Numérien.
284. Dioclétien, Auguste.
286. Maximilien Hercule, Auguste.
292. Constance Chlore, César.
292. Galérius, César.
305. Constance Chlore, Auguste.

305. Galérius, Auguste.
305. Valérius Sévère, César.
306.   —   Auguste.
305. Maximin Baza , ou Daïa,   César.
308.   —   Auguste.
306. Constantin , Auguste.
307. Licinius, Auguste.
337. Constantin II, Constance et Constant.

361. Julien.
363. Jovien.
364. Valentinien Ier en Occident.
364. Valens, en Orient.
375. Gratien, en Occident.
375. Valentinien II, en Occident.
379. Théodose, en Orient.
392.   —   seul.

DIVISION DE L'EMPIRE

Occident

395. Honorius.
424. Valentinien III.
455. Maxime.
455. Avitus.
457. Majorien.
461. Sévère.
467. Anthémius.
471. Olybrius.
473. Glycérius.
474. Julius Népos.
475. Romulus Augustule , dernier empereur d'Occident.

Orient

395. Arcadius.
408. Théodose le Jeune.
450. Marcien.
457. Léon Ier.
473. Léon II.
475. Zénon, Ire fois.
475. Basilisque.
477. Zénon, 2e fois.
491. Anastase Ier.
519. Justin Ier.
527. Justinien Ier.
565. Justin II.

578. Tibère II.
582. Maurice.
602. Phocas.
610. Héraclius.
641. Héraclius-Constantin
641. Héracléonas.
645. Constant. II.
668. Constantin III, dit Pogonat.
685. Justinien II.
695. Léonce.
698. Absimare-Tibère.
705. Justinien II, rétabli.
711. Philippique.
713. Anastase II.
716. Théodose III.
717. Léon III, dit l'Isaurien.
741. Constantin IV, dit Copronyme.
775. Léon IV.
780. Constantin V, et Irène sa mère.
802. Nicéphore.
811. Staurau.
811. Michel Curopalate.
813. Léon V, dit l'Arménien.
820. Michel le Bègue.
829. Théophile

842. Michel l'Ivrogne.
867. Basile le Macédonien
886. Léon VI, dit le Phi-
     losophe.
911. Alexandre.
911. Constantin Porphy-
     rogénète.
919. Romain
920. Christophe
928. Constantin VII.
959. Romain II.
969. Jean Zimiscès.
969. Basile II.
969. Constantin VIII.
1028. Romain III.
1034. Michel IV.
1041. Michel V.
1042. Zoé et Théodora.
1042. Constantin IX.
1056. Michel VI.
1059. Isaac Comnène.
1057. Constantin X Ducas.
1067. Eudoxie avec Mi-
      chel VII, Andronic,
      Constantin XI et
      Romain IV.
1077. Nicéphore Botoniate
      et Nicéphore Bryen-
      ne.
1081. Alexis Comnène.
1118. Jean Comnène.
1143. Manuel Comnène.
1183. Andronic Ier, Com-
      nène.
1185. Isaac l'Ange, 1re fois.
1195. Alexis l'Ange, 1re fois

1204. Isaac l'Ange, 2e fois,
      avec Alexis IV son
      fils, Nicolas Cona-
      bè, Alexis Ducas et
      Murzuphle.
Les Grecs règnent à Ni-
cée pendant que les Latins
règnent à Constantinople.

*Empereurs Latins à
    Constantinople.*

1204. Baudouin Ier
1206. Henri de Flandre.
1216. Farre de Courtenay.
1219. Robert de Courtenay
1228. Beaudouin II.
1231. Jean de Brienne.

Fin de l'Empire latin.

Empereurs Grecs à Nicée.

1204. Théodore Lascaris.
1222. Jean Ducas Vatau.
1255. Théodore Lascaris II.
1259. Jean Lascaris.
1260. Michel Paléologue.
1261. Michel Paléologue.
1282. Cendronic II Paléo-
      logue.
1341. Jean Ier Paléologue et
      Jean Cantacuzène.
1345. Matthieu Cantacuzène
1391. Manuel Paléologue.
1425. Jean II Paléologue.
1448. Constantin XII.

LISTE DES EMPEREURS D'ALLEMAGNE.

Maison de Saxe.

936. Othon le Grand.

973. Othon II.
996. Othon III.
1002. Henri II, dit le Saint.

Maison de Franconie.

1024. Conrad le Salique.
1039. Henri III.
1056. Henri IV.
1106. Henri V.
1113. Lothaire II.

Maison de Souabe ou de Hohenstauffen.

1138. — Conrad III.

1152. Frédéric Ier Barberousse.
1190. Henri VI.
1198. Philippe.
1208. Othon de Brunswick.
1220. Frédéric II.
1250. Conrad IV.

INTERRÈGNE.

Maison de Habsbourg ou d'Autriche.

1273. Rodolphe Ier.
1292. Adolphe de Nassau.
1298. Albert Ier d'Autriche.

Maison de Luxembourg et de Bavière.

1308. Henri VIII de Luxembourg.
1314. Louis V de Bavière.
1347. Charles IV de Luxembourg.
1378. Wenceslas de Luxembourg.
1400. Robert de Bavière.
1411. Sigismond de Luxembourg.

Maison d'Autriche.

1438. Albert II.
1440. Frédéric III.

1493. Maximilien Ier.
1519. Charles-Quint.
1556. Ferdinand Ier.
1564. Maximilien II.
1575. Rodolphe II.
1612. Mathias.
1619. Ferdinand II.
1637. Ferdinand III.
1658. Léopold Ier.
1705. Joseph Ier.
1711. Charles VI.
1742. Charles VII.

Maison d'Autriche-Lorraine

1745 François Ier, époux de Marie-Thérèse.
1765. Joseph II.
1790. Léopold II.
1792. François II, qui abdique en 1806, le titre d'empereur d'Allemagne et se borne au titre d'empereur d'Autriche.

LISTE DES ROIS DE FRANCE.

Première race. — Mérovingiens.

418. Pharamond.
430. Clodion.
431. Mérovée.
457. Childéric Ier.
481. Clovis Ier.
511. Childebert Ier.
558. Clotaire Ier.
561. Caribert.
567. Chilpéric Ier.
584. Clotaire II.
628. Dagobert Ier.
638. Clovis II.
656. Clotaire III.
670. Childeric II.
679. Thierry Ier.
691. Clovis III.
695. Childebert II.
711. Dagobert II.
715. Chilpéric II.
717. Clotaire IV.
720. Thierry II.
742. Childéric III.

Deuxième race. — Carlovingiens.

752. Pépin le Bref.
771. Charlemagne.
814. Louis le Débonnaire.
840. Charles le Chauve.
877. Louis le Bègue.
879. Louis III et Carloman
884. Charles le Gros.
888. Eudes.
898. Charles le Simple.
922. Robert Ier.
923. Raoul.

936. Louis IV, d'Outre-mer.
854. Lothaire.
986. Louis V, le Fainéant

Troisième race. — Capétiens

987. Hugues Capet.
996. Robert II.
1031. Henri Ier.
1069. Philippe Ier.
1108. Louis VI, le Gros.
1137. Louis VII, le Jeune.
1180. Philippe-Auguste.
1223. Louis VIII, le Lion.
1226. Louis IX, ou St-Louis
1270. Philippe III, le Hardi.
1285. Philippe IV, le Bel.
1310. Louis X, le Hutin.
1316. Jean Ier.
1316. Philippe V, le Long.
1322. Charles IV, le Bel.

Branche des Valois.

1328. Philippe VI.
1350. Jean II, le Bon.
1364. Charles V, le Sage.
1380. Charles VI.
1422. Charles VII.
1461. Louis XI.
1483. Charles VIII.
1498. Louis XII.
1515. François Ier.
1547. Henri II.
1559. François II.
1560. Charles IX.
1574. Henri III.

Branche des Bourbons.

1589. Henri IV.

1610. Louis XIII.
1643. Louis XIV.
1715- Louis XV.
1774. Louis XVI.

République.

1792. Convention.
1795. Directoire.
1799. Consulat.

Empire.

1804. Napoléon.

Restauration.

1814. Louis XVIII.
1815. Les Cent Jours.
1824. Charles X.
1830. Louis-Philippe.
1852. Napoléon III.

LISTE DES ROIS D'ANGLETERRE

Race Saxonne.

800. Egbert.
836. Ethelwolf.
857. Ethelbad.
860. Ethelbert.
866. Ethelred Ier.
871. Alfred le Grand.
900. Edouard Ier.
925. Athelstay.
941. Edmond Ier.
946. Edred.
955. Edwy.
957. Edgard le Pacifique.
975. Saint-Edouard le Martyr.
978, Ethelred II.

Saxons et Bavarois.

1013. Suénon Danois.
1014. Ethelred, rétabli.
1016. Edmond II.
1017. Canut le Grand, Danois.
1036. Harold Ier, Danois.
1039. Hardeknut, Danois.
1041. Edouard le Confesseur.
1066. Harold II.

Race Normande.

1066. Guillaume le Conquérant.
1087. Guillaume II, le Roux.
1110. Henri Ier, Beau Clerc
1135. Etienne de Blois.

Maison Plantagenet.

1154. Henri II.
1189. Richard Cœur de Lion.
1199. Jean Sans-Terre.
1216. Henri III.
1272. Edouard Ier.
1307. Edouard II.
1327. Edouard III.
1377. Richard II.
1399. Henri IV.
1413. Henri V.
1422. Henri VI.
1461. Edouard IV.
1483. Edouard V.
1483. Richard III.

Maison Tudor.

1485 Jacques Ier.

1625. Charles Ier.
1652. Cromwell , protec-
     teur.
1660. Charles II.
1685. Jacques II.
1689. Guillaume III (d'O-
     range) et Marie.
1702. Anne.

Maison de Hanovre.

1714. Georges Ier.
1727. Georges II.
1760. Georges III.
1820. Georges IV.
1830. Guillaume IV.
1837. Victoria.

LISTE DES ROIS D'ESPAGNE

(Depuis la réunion des divers Etats).

1473. Ferdinand d'Aragon
     et Isabelle de Castille.
1516. Charles Ier (Charles-
     Quint).
1556. Philippe II.
1598. Philippe III.
1621. Philippe IV.
1665. Charles II.

Maison de Bourbon.

1700. Philippe V.
1746. Ferdinand VI.
1757. Charles III.
1788. Charles IV.
1813. Ferdinand VII.
1833. Isabelle II.

LISTE DES EMPEREURS DE RUSSIE

(Depuis Pierre le Grand).

1689. Pierre Ier, le Grand.
1725. Catherine Ire.
1727. Pierre II.
1730. Anna Ivanovna.
1740. Ivan VI.
1741. Elisabeth Petrovna.

1762. Pierre III.
1762. Catherine II.
1696. Paul Ier.
1801. Alexandre Ier.
1825. Nicolas Ier.
1855. Alexandre II.

LISTE DES ROIS DE PORTUGAL.

1095. Henri de Bourgogne.
1112. Alphonse Ier, Henri-
     quez.
1185. Sanche Ier, le Gros.
1211. Alphonse II.
1223. Sanche II.
1248. Alphonse III.
1279. Denis.

1325. Alphonse IV.
1357. Pierre Ier.
1367. Ferdinand.
1385. Jean Ier.
1433. Edouard.
1538, Alphonse V.
1481. Jean II.
1495. Sébastien.

1578. Henri le Cardinal.
1580. Philippe II.
1598. Philippe III.
1621. Philippe IV.

Maison de Bragance.

1640. Jean IV.
1656. Alphonse VI.
1683. Pierre II.

1706. Jean V.
1750. Joseph.
1777. Marie Ire (avec Pierre III).
1810. Jean VI.
1826. Pierre IV (don Pedro)
1826. Marie II (Dona Maria) 1re fois.
1827. Don Miguel.
1833. Dona Maria, 2e fois.

LISTE DES ROIS DES DEUX SICILES.

Dynastie normande.

1130. Roger Ier.
1154. Guillaume Ier.
1166 Guillaume II.
1189. Constance.

Dynastie des Hohenstauffen

1194. Henri VI,
1197. Frédéric Ier.
1250. Conrad.
1254. Conradin.

Commencement de la première maison d'Anjou.

1266. Charles Ier, frère de saint Louis.

SÉPARATION DES DEUX ROYAUMES

Naples (maison d'Anjou).

1282. Charles Ier.
1285. Charles II.
1309. Robert.
1343. Jeanne Ire.
1382. Charles III.

1386. Ladislas.
1414. Jeanne II.

Sicile (maison d'Aragon).

1282. Pierre Ier.
1285. Jacques.
1296. Frédéric Ier.
1337. Pierre II.
1342. Louis.
1355. Frédéric II.
1377. Maria.
1402. Martin Ier.
1409. Martin II.
1410. Ferdinand Ier.
1416. Alphonse Ier.

Deuxième réunion

1435. Alphonse Ier, déjà roi de Sicile.

Deuxième séparation

A Naples.

1458. Ferdinand Ier.
1494. Alphonse II.
1495. Ferdinand II.
1496. Frédéric III.

En Sicile.

1458. Jeanne d'Aragon.
1479. Ferdinand le Catho-
lique.

Troisième réunion.

1504. Ferdinand le Catho-
lique.

Dynastie d'Autriche.

Espagne.

1516. Charles-Quint.
1536. Philippe Ier (II en
Espagne).
1598. Philippe II (III en
Espagne).
1623. Philippe III (IV en
Espagne).
1665. Charles II.

Après la fin de la dynastie.

1700. Philippe IV de Bourbon (V en Espagne).
1707. Charles III d'Autriche (depuis empe-
reur).

A Naples.

1713. Charles III.

En Sicile.

1713. Victor-Amédée.

Quatrième réunion.

1736. Charles IV (III en Espagne).
1759. Ferdinand IV (de
Bourbon).
1825. François Ier.
1836. Ferdinand V.

LISTE DES SULTANS OU EMPEREURS DES TURCS.

1453. Mahomet II.
1481. Bajazet II.
1512. Selim Ier.
1520. Soliman II.
1566. Selim II.
1594. Mahomet III.
1603. Achmet Ier.
1617. Mustapha Ier.
1018. Othman II.
1623. Amurat IV.
1640. Ibrahim.
1649. Mahomet IV.

1687. Soliman III.
1691. Achmet II.
1695. Mustapha II
1703. Achmet III.
1730. Mahmoud Ier.
1754. Othman III.
1757. Mustapha III.
1774. Abdoul-Hamed.
1789. Selim III.
1807. Mustapha IV.
1808. Mahmoud II.
1839. Abdul-Medjid.

LISTE DES PAPES.

42. Saint Pierre.
66. Saint Lin.
78. Saint Anaclet.
91. Saint Clément Ier.
100. Saint Evariste.
109. Saint Alexandre.
119. Saint Sixte Ier.
127. Saint Telesphore.
139. Saint Hygin.
142. Saint Pie Ier.
157. Saint Anicet.
168. Saint Soter.
177. Saint Eleuthère.
193. Saint Victor Ier.
202. Saint Zéphyrin.
219. Saint Calixte Ier.
223. Saint Urbain Ier.
230. Saint Pontien.
235. Saint Anthère.
236. Saint Fabien.
251. Saint Corneille.
252. Saint Luce.
253. Saint Etienne Ier.
257. Saint Sixte II.
259. Saint Denys.
269. Saint Félix Ier.
275. Saint Eutychien.
283. Saint Caïus.
296. Saint Marcellin.
308. Saint Marcel.
310. Saint Eusèbe.
311. Saint Melchiade.
314. Saint Sylvestre Ier.
336. Saint Marc.
337. Saint Jules Ier.
352. Saint Libère.
355. Félix II.
366. Saint Damase.
384. Saint Sirin.
398. Saint Anastase.

402. Saint Innocent.
417. Saint Lozime.
418. Saint Boniface Ier.
422. Saint Célestin Ier.
432. Sixte III.
440. Saint Léon le Grand.
461. Saint Hilaire.
468. Saint Simplin.
483. Saint Félix III.
492. Saint Gelase.
496. Saint Anastase II.
498. Symmaque.
514. Hormisdas.
523. Jean Ier.
526. Félix IV.
530. Boniface II.
533. Jean II.
535. Agapet Ier.
536. Silvère.
537. Vigile.
557. Pélage Ier.
560. Jean III.
574. Benoît Ier.
578. Pélage II.
590. Saint Grégoire le Grand.
604. Sabinien.
607. Boniface III.
608. Boniface IV.
615. Saint Dieudonné.
618. Boniface V.
625. Honoré Ier.
640. Severin.
640. Jean IV.
642. Théodore.
649. Saint Martin Ier.
654. Saint Eugène Ier.
657. Vitalien.
672. Odéodas.
676. Donnus Ier.

679. Agathon.
682. Saint Léon II.
684. Benoît II.
685. Jean V.
686. Conon.
687. Sergius Ier.
701. Jean VI.
705. Jean VII.
708. Sisinnius.
708. Constantin.
715. Grégoire II.
731. Grégoire III.
741. Zacharie.
752. Etienne Ier.
752. Etienne II.
757. Paul Ier.
768. Etienne III.
772. Adrien Ier.
795. Léon III.
816. Etienne IV.
817. Pascal Ier.
824. Eugène II.
827. Valentin.
827. Grégoire IV.
844. Sergius II.
847. Léon IV.
855. Benoît III.
858. Nicolas Ier.
867. Adrien II.
872. Jean VIII.
882. Martin II.
884. Adrien III.
885. Etienne V.
891. Formose.
876. Boniface VI.
896. Etienne VI.
897. Romani.
898. Théodore II.
890. Jean IX.
900. Benoît IV.
913. Léon V.
903. Christophe.
904. Sergius III.

911. Anastase III.
913. Landon.
914. Jean X.
928, Léon VI.
939. Etienne VII.
931. Jean XI.
936. Léon VII.
939. Etienne VIII.
942. Martin III.
946. Agapet II.
956. Jean XII.
963. Léon VIII.
964. Benoit V.
965, Jean XIII.
972. Benoît VI.
974. Donnus II.
975, Benoit VII.
983. Jean XIV.
985. Jean XV.
986. Jean XVI.
996. Grégoire V.
999. Sylvestre II (Gerbert).
1003. Jean XVII.
1009. Jean XVIII.
1009. Sergius IV.
1012. Benoît VIII.
1024. Jean XIX.
1033. Benoît IX.
1044. Grégoire VI.
1046, Clément VII.
1048. Damase II.
1049. Saint Léon IX.
1055. Victor II.
1057. Etienne IX.
1058. Nicolas II.
1061. Alexandre II.
1073. Grégoire VII.
1086. Victor III.
1088. Urbain II.
1099. Pascal II.
1118. Gelase II.
1119. Calixte II.
1124. Honoré II.

1130. Innocent II.	1406. Grégoire XII.
1143. Célestin II.	1409. Alexandre V.
1144. Luce II.	1410. Jean XXIII.
1145. Eugène III.	1417. Martin V.
1153. Anastase IV.	1431. Eugène IV.
1154. Adrien IV.	1439. Félix V.
1159. Alexandre III.	1447. Nicolas V.
1181. Luce III.	1455. Calixte, III.
1185. Urbain III.	1458. Pie II.
1187. Grégoire VIII.	1464. Paul II.
1187. Clément III.	1471. Sixte IV.
1191. Célestin III.	1484. Innocent VIII.
1198. Innocent III.	1492. Alexandre VI.
1216. Honoré III.	1503. Pie III.
1227. Grégoire IX.	1503. Jules II.
1241. Célestin IV.	1513. Léon X.
1243. Innocent IV.	1522. Adrien VI.
1254. Alexandre IV.	1523. Clément VII.
1261. Urbain IV.	1534. Paul III.
1265. Clément IV.	1550. Jules III.
1271. Grégoire X.	1555. Marcel II.
1276. Innocent V.	1555. Paul IV.
1276. Adrien V.	1559. Pie IV.
1276. Jean XXI.	1565. Pie V.
1277. Nicolas III.	1572. Grégoire XIII.
1281. Martin IV.	1585. Sixte V.
1285. Honoré IV.	1590. Urbain VII.
1288. Nicolas IV.	1590. Grégoire XIV.
1294. Boniface VIII.	1591. Innocent IX.
1295. Célestin V.	1592. Clément VIII.
1303. Saint Benoît X.	1605. Léon XI.
1305. Clément V.	1605. Paul V.
1316. Jean XXII.	1621. Grégoire XV.
1334. Benoît XI.	1623. Urbain VIII.
1342. Clément VI.	1644. Innocent X.
1352. Innocent VI.	1655. Alexandre VIII.
1362. Urbain V.	1667. Clément IX.
1370. Grégoire XI.	1670. Clément X.
1378. Urbain VI.	1676. Innocent XI.
1378. Clément VII.	1689. Alexandre VIII.
1389. Boniface IX.	1691. Innocent XII.
1394. Benoît XII.	1700. Clément XI.
1404. Innocent VII.	1721. Innocent XIII.

1724. Benoît XIII.
1730. Clément XII.
1740. Benoît XIV.
1755. Pie VI.
1758. Clément XIII.
1769. Clément XIV.

1800. Pie VII.
1823. Léon XII.
1829. Pie VIII.
1831. Grégoire XVI.
1846. Pie IX.

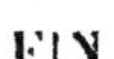

FIN.

TABLE DES MATIÈRES

FIN DE LA TABLE.

Paris. — Imprimerie Parisienne. — Dupray de la Mahérie
Boulevard Bonne-Nouvelle, 26 (Impasse des Filles-Dieu. 5). 1024

CATALOGUE DE L'ENCYCLOPÉDIE CATHOLIQUE

Histoire Sainte.
Petite Civilité chrétienne.
Alphabet du jeune âge.
Grammaire française.
Histoire de Jésus-Christ.
Eléments de géographie.
Exercices orthographiques.
Histoire de l'Eglise, n° 1.
Histoire de l'Eglise, n° 2.
Arithmétique simple.
Agriculture.
Histoire générale.
Vie des Saints, n° 1.
Vie des Saints, n° 2.
Vie des Saints, n° 3.
Vie des Saints, n° 4.
Vie des Saints, n° 5.
Géométrie linéaire.
Histoire ancienne.
Poids et mesures.
Petite physique.
Analyse grammaticale.
Merveilles de la nature.
Histoire romaine.
Petite Maison rustique.
Géomé rie.
Analyse logique.
Petite géologie.
Proportions.
Histoire grecque.
Arts et métiers.
Règles des participes.
Les Croisades.
Problèmes de géométrie.
L'Amateur de jardins.
Histoire de France.
Les Beautés du langage.
Minéralogie.
Les Cathédrales de France.
Le Bord de la mer
Algèbre.
Culture de la vigne.
Voyage autour du monde.
Les Missionnaires au Paraguay.
Principes de ponctuation.
Art de lever les plans.
Les capitales de l'Europe.
Histoire des Martyrs.
Histoire de l'Europe.
Histoire de l'Asie.
Les Fleurs et les Plantes.

Les Chrétiens au cirque.
Esther et Athalie.
Les Poissons.
L'Architecture ancienne et moderne.
Histoire de l'Afrique.
Tenue des livres.
Histoire de l'Amérique.
Homonymes et Synonymes.
Les principales villes de France.
Les Ordres religieux.
Morceaux choisis de style.
Histoire des colonies françaises.
Problèmes d'algèbre.
Les Ordres religieux militaires.
Siècle de François Ier.
Voyage en Angleterre.
Découvertes, inventions.
Histoire de la Papauté.
Ce que l'on dit et ce que l'on devrait dire.
Le Christianisme en Chine.
Voyage en Allemagne.
Merveilles de l'art.
L'Art poétique.
Règles d'une conduite.
Les Chevaliers de Malte.
Les Reptiles.
Siècle de Louis XIV, n° 1.
Siècle de Louis XIV, n° 2.
Voyage en Prusse.
Les Missions étrangères
Cours de style.
Voyage en Autriche.
Les Mammifères.
Voyage en Russie.
Voyage en Palestine.
Procédés industriels.
L'Ile de Madagascar.
Les Indiens.
Les Iles de l'Océanie.
La Conquête de l'Inde.
Les Prodiges de la chimie.
Les Orateurs sacrés.
Voyage en Italie.
La Vie de saint Vincent de Paul.
La Chine.
Le Mexique.
Voyage en Suisse.
Eléments de rhétorique.
La Conquête du Pérou.

Paris. — Imp. Dupray de la Mahérie, impasse des Filles-Dieu, 5.

9 782329 691404